陕西师范大学人文社会科学高等研究院资助出版（项目编号2018GY006）

"中国文学人类学原创书系"编委会

主　编
叶舒宪

副主编
李永平

编　委
冯晓立　刘东风　徐新建
彭兆荣　程金城

陕西师范大学人文社会科学高等研究院资助出版（项目编号2018GY006）

中国文学人类学原创书系
叶舒宪　主编

木 楼 人 家

潘年英　著

陕西师范大学出版总社

图书代号　SK19N1156

图书在版编目（CIP）数据

木楼人家/潘年英著. —西安：陕西师范大学出版总社有限公司，2019.7
（中国文学人类学原创书系/叶舒宪主编）
ISBN 978-7-5695-0924-3

Ⅰ.①木…　Ⅱ.①潘…　Ⅲ.①侗族—民族文化—研究—中国　Ⅳ.①K287.2

中国版本图书馆CIP数据核字（2019）第145423号

木楼人家
MULOU RENJIA

潘年英　著

责任编辑	王文翠
责任校对	刘存龙
装帧设计	锦　册
出版发行	陕西师范大学出版总社
	（西安市长安南路199号　邮编710062）
网　　址	http://www.snupg.com
印　　刷	西安牵井印务有限公司
开　　本	720mm×1020mm　1/16
印　　张	15
插　　页	2
字　　数	193千
版　　次	2019年7月第1版
印　　次	2019年7月第1次印刷
书　　号	ISBN 978-7-5695-0924-3
定　　价	78.00元

读者购书、书店添货或发现印刷装订问题，请与本公司营销部联系、调换。
电话：（029）85307864　85303635　传真：（029）85303879

总　序

2018年，正值中国改革开放40周年纪念之际，陕西师范大学出版总社推出"中国文学人类学原创书系"，对改革开放的时代大潮在人文学界催生的这个新兴学科，给出一个较全面的回顾与总结，以便继往开来，积极拓展人文学科的教学与研究新局面，可谓恰逢其时。

50后这代人的青春岁月，激荡在汹涌澎湃的"文革"浪潮之中。"文革"后的改革开放，相当于天赐给这一代知识人第二次青春。1977年恢复高考，我们在1978年春天步入大学校园，那种只争朝夕、如饥似渴的求学景象，至今仍历历在目。改革开放带来"科学的春天"，也第一次带来人文科学方面的世界景观。正如改革的基本方向是向发达国家学习市场经济模式一样，人文学者们也投入全副精力，虚心学习借鉴国际上先进的理论与研究方法。"神话-原型批评"就是当时的新方法论讨论热潮中，最早进入我们视野的一个理论流派。1986年我编成译文集《神话-原型批评》时，先将长序刊发在《陕西师大学报》上，文中介绍原型理论的宗师弗莱的观点时讲道：

> 物理学和天文学形成于文艺复兴时期，化学形成于18世纪，生物学形成于19世纪，而社会科学则形成于20世纪。系统的文学批评学只是到了今天才得以发展。……正像自然科学体系的建立有赖于把握自然界本身的规律。一部文学作品，它所体现的规律性因素不是作家个人天才创造发明的，而是在文学的历史

发展中，在文化传统中所形成的，这种规律性的因素就是"原型"。……从文学史的考察中可以看到，文学作为一个有机整体，植根于原始文化，最初的文学模式必然要追溯到远古的宗教仪式、神话和民间传说中去。"这样说来，探求原型实际上就是一种文学上的人类学"。

当时无论如何也不曾想到，这样一段话，居然能够准确地预示这一批学人后来几十年学术探索的方向。"文学人类学"这个名称，也就由此在汉语学术界里发端。10年之后的1996年，在长春召开的中国比较文学学会第五届学术年会上，中国文学人类学研究会宣告成立（首任会长为萧兵先生），如今简称"文学人类学研究会"。从研究文学的神话原型，到探索华夏文明的思想、信仰和想象的原型，这一派学者如今正式提出的大小传统理论和文化文本符号编码理论，可以说早已全面超越了当年所借鉴学习的原型批评理论，走出文学本位的限制，走向融通文史哲、宗教、艺术、心理学的广阔领域。

从1986年到2018年，整整32年过去了，我们也经历了自己人生从而立到花甲的过程。如今我们要解读的是5000多年前的先于华夏文明国家的"文化文本"，阐发的是河南灵宝西坡仰韶文化大墓的神话学内涵。这是当年完全没有预料到的。是问题意识，先把我们引入文化人类学的宽广领域，再度引入中国考古学的全新知识世界，这样的跨越幅度，的确是当初摸索文学人类学研究范式时所始料未及的。

从原型批评倡导的文学有机整体论，拓展到文化符号的有机整体论、史前与文明贯通的文化文本论，这就是我们努力探索近40年的基本方向。西周青铜器上出现"中国"这个词语，至今不过3000年时间。2018年2月4日，我第二次给国家图书馆"文津讲坛"开设讲座，题目是"九千年玉文化传承"。今日的学者能够在9000年延续不断的文化大背景中研究"中国"和"中国文学"，就是从先于文字的文化大传统，重新审视文字书写小传统的一套完整思路。相信这样一种前无古人的理论思路和研究范式，是学者们对西方原型批评方法的全面超越和深化，这将会引向未来的知识更新格局。

本丛书要展示这40年的探索历程，以萧兵先生为首的这一批兴趣广泛的学人是如何一路走来，并逐渐成长壮大的。本丛书将给这个新兴学科留下它及时的也最有说服力的存照。希望后来者能够继往开来，特别注重不断发展和完善中国版的文化理论和文学理论，包括作为文史研究当代新方法论的三重证据法和四重证据法。

是为丛书总序。

叶舒宪

2018年2月7日于北京太阳宫

自 序

我要把故乡的歌儿唱

黔东南一带的山区，常常可见一些古朴而美丽的村子。这些村子依山傍水，风景宜人。自古以来，村民搭木楼而居，依托于一方田土，自耕自食，自给自足，过着一种宁静淡泊的生活。

我的故乡老家，便是这些古老村子中的一个。它的名字叫盘村，位于黔东南天柱、剑河两县的交界处。那一带山高谷深，森林密布，山环水绕，溪流纵横，为清水江上游源流之一。

因为水长路远，交通不便（我的故乡盘村至今未通公路），历史上，这一带山区便自然成了一些少数民族逃难避灾、谋求生存的地方。我的故乡盘村便全系侗族，正是一处所谓的"苗村侗寨"。

由于缺乏文字记载，我们已经很难了解到祖先迁居此地的确切年代了，但据碑文考证和口头传说，我们村从第一代祖先于此定居，至今不过繁衍了十八九代人。这就是说，我们村全部的历史不过四百来年。

四百年前，我们的祖先在哪里生活？因何迁居至此？如今我们已不得而知。

但是，四百年来，他们的生活确是可以追溯和回想的。记得小时候我跟父亲上山劳动，为了缓解劳动的疲乏，父亲总要滔滔不绝地给我讲述许多故乡过往的人和事，我由此而知悉了一些祖先生活的历史。虽然这历史肯定是残缺而不完整的，但总还是能够了解到一个大概吧。

如今我是愈来愈感觉到历史对人的重要了。据说近年学界有所谓"近距离研究"与"远距离研究"之争。我读书不多，外语又不好（不能直接读原著），故而对这种争论不甚了然。但我想不管是怎样的研究，其实我们都是为着现在和未来而寻找历史。

历史是什么？历史就是已经发生的事实。这事实由我们评说，由我们认知，而成为我们的经验，而丰富着我们的智慧。是不是？

但我发现，人类对历史其实是很健忘的，所以历史才总是惊人的相似。在不久前的一次学术讲座中，我给大学生讲到鲁迅，讲到中国自一八四〇年以来的历史。我发现，当今的大学生们对历史是非常陌生的。他们甚至不太清楚一八四〇年中国和世界发生了什么！一九一一年和一九一九年又发生了什么！

大学生尚且如此，一般百姓可想而知。

大至国家，小到个人，我发觉人类对历史有先天的遗忘症。

"我们从何而来？向何而去？"

我认为高更的这句名言应该成为一切知识与学术的起点和终点。

我决心重新关注人类最基本的历史。

由于精力有限，能力也有限，我不想去做那些虚无缥缈的学问了，而只想做一点具体而又相对有点把握的事情。俗言一滴水映现大千世界，依据这个法则我开始研究我们盘村的历史。我想通过一个村庄而进入世界，这想法不知道是否幼稚了些。

多少年来，我一直想为我的故乡盘村写一部村史，然而总是不能够，原因就是我虽知其大概，却到底缺少对诸多细节的了解，这就使我很难下笔了。或者说，直到要下笔的时候，我才发现自己其实对于自以为熟悉的东西所知甚少。

然而，更悲惨和无奈的是，历史有时是与人俱亡的。随着时间的推移，人们对历史的认识会出现集体性和民族性的空白，就像恐龙在地球上的消失，由于事情发生得太突然，同时由于缺乏记载，如今对于其消失的真正原因，我们永远只能是猜测了。

有好几回，我下了决心，要回老家去拜访一些老人，想重新搜集一些写作的素材，但令我伤感的是，许多知悉村史的老人都已过世了，包括我的父亲。当年我听父亲讲村史，还嫌他是一种唠叨，如今想听也无从听到了。

今日盘村年轻的一代，不仅对盘村的历史知之甚少，甚至对上一代人的生活也了解不多了。这一方面使我深感悲哀，同时更坚定了我要为故乡盘村写一点文字的决心。

从一九九〇年开始，我便着手对盘村生活的记录和写作工作。《伤心篱笆》便是第一阶段的记录成果，写作时间在一九九〇年至一九九四年之间。一九九五年至一九九六年我因有其他课题研究和写作任务，暂时中断了对盘村的观察和记录。一九九七年至一九九九年我又因工作调动，关于盘村的写作计划也被长时间搁浅。直到二〇〇〇年，当我稍稍安定之后，便立即继续投入我的写作，写出了两本书。一本是《故乡信札》，这是感受性的，写我对故乡盘村社会、经济和文化变迁的心理感觉；另一本则是《木楼人家》，这就颇类似于民族志了，写盘村过去的生活和风俗。当然无论是《故乡信札》还是《木楼人家》，我都不想写得太刻板，在这里，我想在写作方法上做一点探索和创新，就是尽力做到人类学与文学的有机结合，我的思想是人类学的，但我的文字表达却是文学的。

  在这几本书中，我写了什么？我写了一种文化，一种少数的、边缘的文化，它像一朵野花，在人类的时间长河中，寂寞地生长、开花，而后凋谢。在写作过程中我的头脑里始终回荡着这样一种声音：生活在当今世界的人们，已经越来越意识到生物多样性对人类良好生存环境建设的不可缺少，却很少有人看到文化多样性对人类社会也同等重要。

  这样的写作，有意义吗？

  我不知道。但如果假以时日，我还将继续为故乡而写作。我还将写一本《盘江年谱》，再写一本《音乐天堂》。只是不知道这两本书，我要到什么时候才能写出来。

目录

正　月　001

正月栽花正月正，百草换叶不换根。
百草换叶由它换，劝郎莫换姣一人。

二　月　019

二月栽花二月间，一对燕子飞门前。
燕子门前说细话，恩恩爱爱年复年。

三　月　035

三月栽花三月三，书要读来花要攀。
哥读诗书明事理，攀花只为少年玩。

四　月　053

四月栽花四月八，口含凉水润菜花。
细心料理花才大，花树成林人成家。

五　月　073

五月栽花过端阳，新打龙船下长江。
姣是船头郎船尾，船头船尾笑昂昂。

六　月　093

六月栽花六月六，一边栽来一边愁。
又愁天干不下雨，又愁结伴不登头。

113　七　月
　　七月栽花月半间，路头烧香敬神仙。
　　郎是神仙姣是鬼，神仙也怕鬼来缠。

133　八　月
　　八月栽花过中秋，同去江边望月出。
　　月圆月缺年年有，俩我结伴不知何日才登头。

151　九　月
　　九月栽花过重阳，重阳酿酒桂花香。
　　劝郎同饮桂花酒，俩我结伴久久长。

169　十　月
　　十月栽花花不结，朝打白霜夜落雪。
　　好花莫让霜雪打，好伴莫送旁人得。

189　十一月
　　十一月栽花交了冬，劝哥莫去当门吹冷风。
　　劝哥莫去当门受冷气，冷气吹花花不红。

207　十二月
　　十二月栽花得一年，家家红纸贴门前。
　　家家都过三十晚，剩下我俩不知何年何月何时才团圆。

正月

正月栽花正月正,百草换叶不换根。
百草换叶由它换,劝郎莫换姣一人。

天刚蒙蒙亮,盘村的人们就醒过来了。这一天,是新年的第一天。几乎所有的人都怀着极好的心情,迎候这一天的到来。

同往常一样,醒来后人们立即忙碌起来。女人烧火,煮甜酒,煮茶,煮猪潲;男人呢,则要上山砍春柴。只有一点与往常不同,就是碓不响了——这一天,甚至在整个正月里,人们都忌讳舂碓。

砍春柴是一件极有意义且使人愉快的事,因为这一天的砍柴与平日的砍柴不同,这一天的砍柴只是象征性的,并不要求砍太多,而主题则是赶早春,说白了,就是去山坡上感受早春的气息。

满坡的男人和姑娘,满坡的笑语和歌声,那气氛融洽得犹如一首诗。

的确,这山坡上已充满了早春的气息,虽然有时是冰天雪地的,到处是冰凌和白雪,但白麻栎和李子树的树梢已经打起了花骨朵,而蜡梅,已在山腰那儿一片生机盎然地盛开着了。

 木楼人家

山头上弥漫着浓浓的雾气,山脚下的田野里则可见到油菜和小麦青青葱葱,长势喜人。盘江水顺着山湾,一如既往终年不倦地汩汩流淌,河湾两岸的竹林也依旧青翠,只是芭蕉被雪冻坏了,出现了一蓬枯黄。

但无论怎样,这天早晨,几乎所有的人都显得格外愉快和兴奋,尤其是孩子们,他们竟然是穿着新衣上山来砍柴的,彼此在山上遇着了,便要互相赞美一声。

"啧,穿妹衣呀!"

"你不是?!"

"妹衣"即"新衣",这是盘江地方的土话,大约是从侗语里借来的特殊用词。这一带山区,人们讲话总是汉侗混杂的,当地人称之为"夹侗",有道是"人更人假,蓝田渡马"。"人更人假"这句话本身就是一句侗语,意思是"一句侗语一句客(汉)话","更"(Geaml)为侗族自称,"假"(Jiax)即"客家人",但此客家非广东客家,而是侗族对汉族的指称。"蓝田""渡马"是地名,这句话完整的意思就是:在蓝田、渡马这些地方,说话常常是半句侗语半句客话夹杂着讲。盘村的情形也一样,平日里讲话,总是侗汉混杂的,这就好比那些长期留洋的学生回到国内,讲话时难免要夹杂些洋话一样。

大伙砍了春柴,便回家了。

无论大人和小孩,扛的都不多,有些只象征性地带了一根柴,说说笑笑,悠悠晃晃地走下山来。那样子,的确不像是去劳动,而是去玩耍和游戏。

是的,砍春柴,在我们盘江河谷地方,确实只是一种游戏而已,或者说就是一种象征仪式罢了,其虽是以劳动的形式呈现,但实质却是游戏性的、象征性的。

砍春柴象征什么呢?有人说象征"招财(柴)进宝",我觉得这种说法不大可靠,因为汉文化传入侗乡不过是几百年间的事,而这一习俗的存

正月

在却古已有之。盘村的老人说,砍春柴是"古老古代"人传下来的习俗。这种说法虽然只是口传,而且所谓"古老古代"所指称的具体时间概念也含混不清,但我还是相信这一习俗早在汉文化传入之前就已存在。因为有一年我问过父亲,为什么我们每年正月初一要上山砍春柴,父亲说因为这样就表示我们一年里都很勤劳,我觉得这种解释更朴素些,似乎也更切合实际些。

不过,依我的理解和体会,砍春柴习俗所蕴含的游戏成分很大,不说大家在山上可以说笑打闹取乐,也不说大伙着新衣、穿新鞋有炫耀色彩,就是光上山一趟,也是很使人快活的。乡下人一年到头难得吃一顿饱肉,但三十晚上的这一顿年饭,无论谁都可以做得很丰盛,因而第二天早晨的这趟上山砍春柴活动,实在无异于一种运动和锻炼,或者更直接地说,就是去走走步,散散心,以助消化,或为接下来的大吃大喝做健胃的准备。

盘村的男人从山上砍春柴回到家,主妇们已各煮好甜酒粑专等家人和乡邻来吃。

这是春节里的第一道美食,也是侗家人经常用以待客的美食。甜酒乃是用糯米做成,夏天可直接冲凉水吃,颇解渴;冬天则煮来吃,佐以粑粑,味美无比。这粑粑也是用糯米制成的,在别处叫年糕。

甜酒吃过,接下来便是吃茶。此茶非彼茶,乃侗家油茶,做法极为考究。先用油煎炒茶叶(此茶为当地特有的一种土茶,叫"节骨茶",侗语称Bal xiec moux,茶味醇香,且有开胃、健脾、驱寒、散热之药效),至茶香盈室,然后放入肉汤和灰煎粑(用大米与玉米磨成浆,再用文火熬煮而成,俗称"米豆腐")同锅而煮,汤开后,即可舀入土碗食用。此时根据个人口味分别放入适量的生姜、炒米、辣椒、香葱、大蒜、芫荽等佐料,实在味美无敌。现在我仅仅写到这里,便已满口生津,食欲大振,不敢再写下去。

在侗家油茶的香料中,炒米是较为特殊的一种,别处恐不多见。这种炒米亦是用糯米制成,其制作方法是:先用水泡糯米,后将其置于甑上蒸熟,再将熟糯米饭置于太阳下晒干,即成阴米;阴米用油煎炒,即成炒米。炒米可干吃,也可放入油茶作为佐料,均为美味。我们小时候吃茶,茶吃得不多,但炒米却舀了半碗,常遭母亲呵斥。盖因我们贪恋这种美味,而不思主食也。

在整个正月里,侗家人的生活便主要是围绕着吃而展开的,且这种吃,不是个体性的,而是集体性的。正月初一早晨的吃甜酒、吃油茶,是为整个正月休闲和吃食活动的序幕。各家各户的小孩,在把春柴放下之后,便被父母差去叫客。这里所谓的"客",其实就是指左邻右舍和房族亲戚。大伙被一小孩整齐叫来,先集中于某一家一户,然后依次开始逐家逐户的品吃活动。

"嗯,你家甜酒做得真好!"

"啧,你家茶真香!"

人们边吃边品,边赞美主人的手艺。这当中,的确能反映出女主人家的贤惠与否。

我母亲算是整个村手艺最巧的主妇之一吧。我记得小时候人们在我家吃甜酒吃茶,不仅连声赞叹,而且的确比在别家要吃得多一些。母亲当然颇有些得意,她一面劝人多吃,一面授以制作的技巧。但即便这样,别人再去做出来,也依旧难及母亲做的好吃。而我母亲的手艺也远非止于制作甜酒和油茶,她更得意的手艺,则是烧酒。我们盘江地方上,向来是以烧酒闻名的,而最好的烧酒,便出自母亲之手。我记得小时候许多人家挑米、挑苞谷来请母亲帮忙烧成米酒,年轻的媳妇来了一拨又一拨,她们挑着担子,从竹林里走上来,身材窈窕,笑容美丽,给我留下深刻的印象。

正月

吃过甜酒和油茶，接下来女主人便又开始备饭，也一样要挨家挨户统统吃过一遍，这叫吃"转转饭"。刚刚吃够了甜酒和油茶，哪能再吃得下饭，吃不下了。但这只是个形式，在成人那里，吃转转饭是一种走动和交流的形式。就是说，吃饭只是借口，而真正的目的则在于交流和互访。当然，在正月里，成人的吃也并非止于形式而已，他们常常要狂喝滥饮，直到喝得酩酊大醉。小孩呢，也借了吃转转饭的机会，完成他们另一种不同于成人的交流与往来，吃于他们的确只是形式，玩才是他们主要的目的和内容。玩什么呢？打陀螺，踢鸡毛毽，抛石子，或者带了弹弓和马尾套到附近的山上猎鸟，或在村前村后堆雪人打雪仗，或怂恿两只狗交尾后追着它们满村跑……总之，在长长的一个大正月里，孩子们从来不会闲着，快活极了，他们对节日的感受恐怕超过了成人。

我小时候并不算顽皮，但对于玩，也颇能发明一些新花样。比如我们会把前日里剩下来的鞭炮插在牛粪上，然后用香火点燃，"啪"，牛粪被炸了一个大坑，自己身上大约也沾了不少"光"，却依旧觉得很开心。又如下雪的日子，我们会在峡谷两边的山坡上，捏了一堆堆上百个雪球，然后专等走亲戚的路人经过，待他们到达预定位置，便发一声喊，猛烈朝那路人身上掷雪球，那路过的一定会喊爹叫娘仓皇逃跑，看着路人慌张的样子，我们小小少年的心里，不用说有多高兴了。

在所有的儿童游戏中，我最喜欢的便是上山捕鸟。冬天天冷，又下雪，鸟儿又饿又乏，抓起来就比较容易了。有一种鸟叫"青菜鸟"，一身绿装，颜色跟青菜差不多，很喜欢成群结伴而飞，也喜欢吃青菜，尤其喜欢吃油茶，我们便在油茶地里安满了马尾套，然后躲在草寮背后等着看热闹。果然，不一会，青菜鸟飞来了，一大群，快活地欢叫着，落在菜地里。有时候，它们简直像是故意要气我们似的，在我们安下的套的周围跳来跳去，但就是不进套。有人忍不住了，飞一块石头过去，鸟儿们"呼"

的一声全飞远了。但有时候这鸟却很傻，它们当中的一只不幸被套住了，另外的鸟便过来"帮忙"，结果全被套住了。我们看到它们差不多都已被套住，跑去一看，哇，无一漏网，美极了。

在白茫茫的山野里生一堆火，鸟也会飞来，落在附近的树上，这时候，用弹弓也能打下几只，但要打得准。不过，我从未用弹弓打，我觉得用弹弓打太残忍了。尽管我也知道不管用哪种方法捕鸟最终都使鸟难逃一死，但让一个活着的生命立即消失，在我小小的心灵里，还是觉得难以接受。所以我常常选择用套。套住的鸟，是活的，我用鸟笼养着，但这种鸟，几乎没有一只能活下来，头天还在笼里乱飞乱撞，第二天往往成了又硬又臭的一堆。

我是从不吃鸟肉的。我们捕鸟，只是图个好玩。谁吃鸟肉呢？三爹万吃，大家标吃，他们是捕鸟的专家，他们一年到头要吃掉上百数千只鸟。难怪有人说，他们的屁股都长了鸟毛。

我捕来的鸟死了，便拿去送给三爹万。他摸摸我的头，说："呃，乖崽，等下我卡好了，我炒辣子雀我们吃好不好？"

我摇摇头，走开了。

他很高兴。他知道我从来不吃鸟。

然而，在正月初一这一天，印象中我好像很少能痛痛快快地在故乡老家玩够一整天。大约到下午，母亲便扯开嗓子喊起来了，我立即飞奔回家。到家一看，母亲已打扮一新，而且准备了一大挑猪肉和糍粑。我知道，我们要去走外婆家了。

按惯例，正月初一般是不走亲戚的，但可以去给舅家拜年。

俗语云：天上雷公大，地上舅公亲。那意思就是说，在所有亲朋中，舅舅是最亲最亲的，因而拜年也应该先拜舅家。

那时候，无论是天晴落雨，也无论是飘雪或构凌，我都要穿上新衣

（不一定是新买或新制的衣服，洗过即为新），跟在年轻的妈妈屁股后面，在天近黄昏时分，向不远处的盘江河谷下游的舅家走去。

母亲挑着的担子不轻。因为我有两个嘎婆（外婆）六个舅，每家一块肉，十二个粑粑，其中还有两个簸箕粑（给大嘎婆的）和两只鸭（大嘎婆、小嘎婆各一只）。

母亲挑着沉重的担子，却轻快地走在花街路上，我则一路小跑着紧紧跟随其后。遇着人，人则并不问我母亲，只问我："弟，去走嘎婆呀？"

"嗯！"我说。

人就夸我乖，说我将来长大了，会有出息。

母亲说："有出息啰，还不是跟牛屁股！"

又说："大姐，你去屋来呀？"

"噢，你也去屋呀，你今年这猪养得肥呀，会莫有三四百斤吧。"

"快莫讲，杀一个细细的，像老鼠那样大，哄哄娃崽罢了。"

这样招呼几句，人却走远了。

到舅家，舅妈把肉和粑粑分给各家各户，然后所有得到一份礼物的人家都要想法喊我和母亲去吃一顿饭。当然吃的时候就不止我们了，因为别的亲戚也来拜年，所以凑起来就会有一大桌人。

都是亲戚，大家都认识，喊来了，彼此招呼着，便到火塘里靠板壁坐下。于是，男男女女，老老少少，就天南海北地闲聊起来。在我的印象中，整个春节都是说闲话的季节，这一季节里所说的闲话大约要超过其余所有季节所说闲话的总和。

火塘里的炭火燃得很旺，把人的脸映得通红透亮。

说是吃饭，但每家每户均按传统礼节要先吃甜酒后吃茶，最后才上菜吃饭。

饭是吃不下了，但可以喝一点酒下菜，说说话。主人殷勤地劝着：

正月初一走外婆家

木楼人家

"拈哩,各人拈哩,要劝咋个?三妹四妹,大孃二孃,五哥六舅,大爹,四公,你们各人拈菜哩……没有哪样菜啰,是这样子啦,你们各人担待点……"

"嗯,快莫这样讲二妈,这里哪样都有啦,你莫劝,我各来。"

说话的人把碗转到了身子的另一边,很有礼貌地谢绝主人的劝菜。

但是,主人执意劝着,想方设法要让手中舀起来的一大瓢菜(鸡鸭鱼肉之类)倒入客人碗中。

那时候,没有电灯,甚至没有油灯,屋子里点的都是枞膏,火光忽暗忽明,映照着每个人的脸上都是喜气洋洋的。

这就是我印象中的春节。人们忘记了平日里的劳累和纠纷,忘记了生活中太多的不幸和困苦,在与亲人的团聚和叨絮中,获得了无限的慰藉和幸福。

大姨妈来了,姨孃也来了。还有我众多的表姐表妹和表哥表弟,我们在一起玩耍,在一起打闹,把舅家的梯板踩得噼里啪啦响,因此我们不时被大人训斥,但是并不严厉,因为这是节日,也因为只有我们的到来和存在,这节日才充满了快乐和热闹的气氛,而大人们追求的也正是这样的一种气氛。

有时候闹够了,舅舅打发我和表弟表妹去后村河湾沙坝放牛。我们带着糍粑去,在野地里一边放牛一边生火烧烤糍粑,或者在河边的草垛里玩一种捉迷藏的游戏。我们追逐,欢笑,快活至极,像河湾里那些盛开的蜡梅。我们的童年天真烂漫,自由自在。

作为家中的长者,外婆受大家尊敬。姨妈、母亲和姨孃把带来的礼物献给她,无非是一些适宜于老人吃的鸡肝和猪心而已。外婆笑逐颜开,神态慈祥。她很不容易。外公早逝,她拖着五个子女生活下来,但是,她把大舅二舅都交给了国家,而把三个女儿留在了身边。现在,他们都回来

了,他们都在她的面前,殷勤地表达着各自的孝心。外婆满脸的皱纹,但看上去美丽无比。

哦,还有舅公——我外婆的弟弟,我差点忘了他。他的一生充满传奇,年轻时在这一带山区里狩猎打游击,跟着共产党干革命,出生入死,威名赫赫;解放后政府安排他在县里工作,他不去,仍坚持留在老家,以打猎为生。

他的胡子总是留得很长,人们不太清楚他的实际年龄。

他一生不娶。不知道什么原因。

他的房间里,挂满了各种炕干的兽皮和兽肉。

他有一只在当时看来是十分洋气的打火机,据说是他用几张野羊皮换来的。

他吸旱烟,屋子里有一股浓浓的烟味。

他孤独吗?

不知道。

但他很爱孩子。每回去看外婆,我总能在他那里得到一种在当时看来是十分稀罕的水果糖。

他有一部收音机,落地的那种。我正是从他的那部收音机里,开始了现代音乐的启蒙。他呢,他不喜欢这个,只听新闻,但调不出新闻节目的时候,他便收音乐给我们听。我们高兴,他也高兴。

还有一个也叫"舅公"的老人,我不知道我家是如何与他家攀上亲戚的,但每次去走外婆,尤其是拜年,似乎都不能不走他家。我们都叫他"格格舅公"。

格格舅公的身体看上去瘦小羸弱,似乎弱不禁风,但人颇有文化,能背《三字经》,读过《水浒》和《三国》,尤其懂得许多乡村里常用的所谓"四言八句",譬如"左朱雀,右白虎""福如东海,寿比南山"之类,算是能说会道。村人重要的接待,常常要请他,因为他不仅会说能

外婆总在窗口张望

讲，而且还颇知礼仪，懂各种规矩和法则。

但他不知道落下了什么毛病，手总是颤得厉害，常常颤得拿不住一个碗。有时与人扯酒，满满的一碗酒经他从桌上拿起，几抖几抖便所剩无几。人说："格格舅公，酒碗你就莫拿了吧，我干了，好吗？"

格格舅公很难过，说："唉，这手，太不争气。"

人们都很同情他。但是，你根本想不到，这双总是颤颤悠悠的手，却能编出各类竹制工具，如菜篮、粪箕、背篓、箩筐之类。他破的竹篾很细，很匀，他编的竹具扎实耐用。

母亲每次回娘家，父亲总要说："你看格格舅公有没有空，有空的话，邀他过来帮我编几对粪箕，开年来要用。"

于是，当格格舅公过来请我和母亲去吃饭时，母亲便说起了这事。格格舅公说："哦，是这样噢，那我过几天去，这两天客多一点，过几天客少了，我就去。"

格格舅公是哪一年去世的，我已记不清了。我只觉得，我的童年是同格格舅公，同外婆，同表弟表妹以及年年拜访的这些概念和面孔联系在一起的。我要说，离开了这些，我童年的欢乐就无从谈起。

到初二上午，我和母亲就要返家了，尽管也还有一些人家不曾去光顾和拜访，尽管母亲还有太多的话要对亲人诉说，尽管时光匆匆，尽管我对表弟表妹们依依不舍，但是，我们还是踏上了返家的路程。

我们走过田坎，穿越一畦畦青翠的麦田和绿油油的油菜地，向着盘江上游的盘村老家走去。身后是外婆家的村子，这儿山环水绕，地势略见开阔，一片良田大坝让人心旷神怡。而木楼依旧傍山而建，沿山势层层簇拥，村前是株株古树，村后是连绵翠峰，一条蓝色的烟带盘桓在村子上空。不知哪家的狗吠起来，而且鸡鸣树上巅，声音散播在空空落落的田野里，似有若无，恍如梦境，何似在人间？

正月

那时候,从外婆的村子到我们盘村,是由一条古老的花街石板路相连接的,石是青石,因时间的磨洗而油光锃亮。路边山坡上,则尽是森森古树,浓荫不仅蔽日,而且蔽雪、蔽雨、蔽风。树上有各种果实,有各样雀鸟,鸟儿啾啾,叫得满坡悠悠,有时小鸟会把果实踩落下来,刚好掉在人的头上。我记得从外婆家过来的半道上,有一棵巨大的丝栗树,树上结满了丝栗,风一吹,丝栗便会落满一地。过路的人,常常顺便捡一把放在口袋里,带回家哄他们的小孩。我和母亲呢,则一边捡,一边坐在树下的木凳上(侗族地区,凡在山坳、路头、树脚、水井旁,均有人自愿义务制作各种木制长凳,供行人休息,是为修阴积德之举)慢嚼细品。冬日里当然什么果实也没有了,但树叶依旧密密匝匝,倘是雪天,仍可见小鸟在枝丫里跳来跳去,把雪踩落下来。晴和的日子,小鸟便叫得更欢了,且一点也不怕人,就站在不远处的树枝上,大声地叫唤着,仿佛故意向人们炫耀它的嗓音。母亲这时便教我认识各种各样的鸟,说这是八哥,那是阳雀。母亲甚至唱了起来:

点子点波罗,
阳雀爱唱歌,
今年白布,
掉了灾歌。

这是一首什么样的歌?它的歌词是什么意思?说实话,直到今天,我也没能明白。但是,这韵律被我记下来了。我觉得那时候母亲很年轻,也很美。而她那时恐怕远远想不到吧,也许正是她为我唱着的那些歌谣,启蒙了我的文学天赋,影响着我日后的人生。

到家时,家里已坐满了客人,有我的几个姑妈和表哥表弟,还有父亲的朋友及一些我不认识的亲戚。他们抱我,亲我,说一些我似懂非懂的

话。母亲呢,一面向他们表示着歉意,一面就端出锅子要煮甜酒煮茶,做菜做饭。但她的行动被亲朋们制止了,他们表示已经吃过了,是在对门我大伯父家吃的,而且样样都吃过了,甜酒、茶、饭,甚至还喝了酒,此时还醉醺醺的。父亲呢,我们则很难知道他在哪里,整个正月里,他一直被人叫去陪客喝酒吃饭,吃过一家又一家,吃得昏天黑地,没完没了。待我母亲烧好了饭菜,差我去叫他来陪家中的客人时,我往往要一连问上好几家人才能找到他。但即便找到他,他也不能再陪客吃饭了,虽然到家时他也依然高声大气地表示要跟家中客人痛饮几杯,但很快就出尽了洋相:有时是当场醉倒,有时是呕吐得一塌糊涂。客人和母亲把他架到床上,他立即就能发出如雷的鼾声。

这样的日子差不多要一直持续到正月十五。我们盘江不过元宵节,正月十五只叫"过社",且节日的气氛很淡,只象征性地吃一顿像样的饭菜,也无非是鸡鸭鱼肉之类。在我的印象里,正月十五即意味着春节的结束,因为从此之后,亲戚们就很少走动了。就是说,该走访的亲戚在正月十五以前差不多走访完了,之后则要结束吃喝,开始干活了。盘村人常说他们一年之中唯有正月清闲,因此他们(尤其男人)便似乎为自己半月内的狂喝滥饮找到了一种正当的理由和借口,说一年也只有这么几天休息,再怎么耗费都不能说过分。这确是颇有道理的。而对于许多人家来说,甚至连半月的清闲也谈不上,因为遇着天气晴好的日子,他们便要抓紧季节干活。干什么活呢?种洋芋,薅油菜,追麦肥,育烟苗,砍柴烧炭……忙着呢。

在这之中,种洋芋大约是最当紧的活路了。要是不下雪,有些人家在正月初二便开始上山种春洋芋了。家中若有客来,那正好把客人也拉来一起种。人多力量大,挑粪的挑粪,破种的破种,种个大半天,一块地就种完了。在盘江,洋芋是不能不种的,洋芋可以喂猪,可以人吃,

正月

可以当菜吃,也可以当饭吃。小时候我每天早晨起来所做的第一件事,便是削洋芋,用刀削去皮,余下的洋芋炒一大锅,够吃一天。洋芋吃饱了,饭就少吃了,因此洋芋对于缺粮的人们来说,是很管用的。遇上荒年,洋芋的作用就更大了,因而盘村人别的可以不种,洋芋是必须要种的。

但洋芋的季节性很强,若正月种,二月长,三月开花,四月五月即可收获,这就正好。但若种得迟了,拖到二月才种(有时遇着凌冻天气,是不能不往后拖的),那么三月长,四月扬花,那就麻烦了,因为四月以后是梅雨季节,过多的雨水会影响洋芋的生长,使之少结或不结果实,那就算白浪费劳力和种子了。因此只要天晴,不下雨不下雪,盘村的人们都会抓紧在正月间种春洋芋。

那时候,我几个姑妈每年都会回家来拜年,于是常常要被我母亲拉去帮忙种洋芋。人多种起来快当,且有说有笑,也不觉得累,加上正月间油水足,力气也大些。我小,挑不动粪,就在家破洋芋种子。洋芋的种子是要用刀破开的,破开后要放在柴灰里裹一裹,这样种子才不会烂掉。为什么要破开?其实不破开也可以,但不破开,就太浪费种子了。因为洋芋的种子往往很大,而洋芋的生命力很强,它身上有许多根眼,只要有一个根眼,它就能从那地方长出苗苗来,生根发叶,开花结果。所以一个洋芋种子就可以破成许多种子,每个种子只需保留一个根眼即可。

破完种子,姑妈们也差不多挑完粪了,就用锄头拉行,我随后点种,再抓一把猪牛粪盖上,母亲在后面再覆盖上土,就算种好了。

猪牛粪既是洋芋的肥料,又是洋芋种子发育的温床。它本身可产生热量,是能够保护种子过冬的。因为此时虽已立春,但气候乍暖还寒,种子很容易被冻伤,但有了猪牛粪的保护,种子就很安全了。现在的人怕挑粪,图省事,不用农家肥了,用化肥,但用化肥种出来的洋芋不好吃,我

木楼人家

觉得种洋芋还是用农家肥好。

你们见过洋芋花吗?

洋芋花是淡紫色的,真美!

二月栽花二月间,一对燕子飞门前。
燕子门前说细话,恩恩爱爱年复年。

二月

到二月间,天气便日渐暖和起来了,田埂上长满了绿茵茵的青草,田土里的小麦和油菜也长势喜人,李树和桃树打起了花蕾,春天的气息是越来越浓厚了。

父亲终于结束了他在正月里没完没了的节日酒宴,现在呢,每天都在忙于农事了。这时节的活路还真不少,秧田要开始整了,种苞谷的土要去挖,红苕也在这季节里温床育苗,这些都足够他忙乎的了,但是,小麦和油菜也还得继续中耕、追肥、培土。田间地头,远远可见他和母亲忙碌的身影。

我呢,我来到了村子里的小学校。这学校真是小极了,只有三个班,三个年级。一年级人多些,二十多个;二年级差不多少了一半,有十来个人;三年级更少了,只有几个人。但一下课,也还是显得很热闹。

学校建在村西口的山坳上,当风,冬天风大、寒凉,寒假前学生们通常都带着火笼。现在呢,除了个别衣衫单薄的孩子,大伙都不带火笼了,带什么呢?带书,带糍粑。上课时肚子饿了,拿出糍粑咬一口,老师也不

 木楼人家

会骂。

老师只有两个,都是本村的,是民办,一个叫哥新,一个叫家光。哥新年轻些,文化程度不高,高小毕业,但在当地算是难得的人才了。家光当过兵,他的文化程度就更不高了,只认得几百个字吧。他读"提高警惕,保卫祖国",把"惕"(ti)念成"场"(chang),真不知道他那兵是怎么当的。

他们什么都教,语文、算术、政治、歌唱、体育、图画。但什么都教得不好。他们教我算术,说"三三得九"。我问:"为什么三三得九?"他们说:"你这个猪脑壳,三三为什么得九,三三得九是口诀,就这样,你要死记,三三就是得九,二九就是一十八。"

我的确是猪脑壳,因为对于他们的解释,我越听越糊涂。

我逃学了。

我背着书包,从村西口的大椰榆树脚绕过去。这大约是上午十点钟光景,盘村的人们该出工的出工了,没出工的多是些老弱病残。村子里有一种格外的宁静。鸡在什么地方啼叫着,狗也三三两两在追逐、游戏。我走过一条花街,阳光从屋顶斜照下来,我落在屋檐的阴影里。我的心里充满了忧伤和委屈,但是,有谁能够倾诉呢?没有。

我把脚步放得慢慢的,但我也不知道要到哪里去。我突然想,桃花开了吧?那么去看看桃花吧。于是我穿过几条阳沟,又越过几道拦着篱笆的菜园,最后爬上了我大伯父的李子坡。

我很失望,因为桃花并没有开。

这时,我仿佛听到了有燕子在叫,但是,仔细一听,又听不到了。

我想,要是燕子真的飞回来,那就好了。那样的话,我可以在村东头的水井边看燕子衔泥。那是很有意思的。可惜,燕子并没有来。

燕子去了哪里呢?

不知道。

二月

一个人影出现在我的视线里,那是我的大伯妈。那时候,她也还算年轻吧,背着一大背篼的猪菜,正从坡上的自留地里走下来。躲开她是来不及了,我只好硬着头皮往前走。

果然,她已经发现了我。她叫了起来:

"弟儿,你在那里做哪样?"

我不说话。

她觉得奇怪了。因以前我也常到她家的李子坡里偷李子偷桃子,所以她可能想到我会去偷桃子李子,但是,现在,连桃花也还没有开啊。

她迟疑了一下,终于放下了背篼,然后径直朝我走来了。

在桃树下,她轻声问我:

"弟儿,你饿了吧,跟大妈去屋,大妈煮甜酒粑给你吃,好不好?"

我眼里噙着泪水,不置可否。

但我的手被她抓住了,身不由己地随了她去。

大伯妈的家从来窗明几净,而且丰衣足食,任何年代,任何时候,她家都不缺少吃的东西,这都是大伯父和大伯妈异常勤劳的缘故。

我在大伯妈家的火塘间坐了下来,她果然极其麻利地生火煮了一碗甜酒粑粑给我吃。我吃着一口的时候,她问:

"甜不甜,弟儿?"

我点点头。

这时,我听见远处传来了学校下课的铃声。那是一块断铁被击打的声音。这声音,我大伯妈也听见了,这时她才骤然想起什么似的,问道:

"弟儿,你今天咋个不去上学呢?"

我摇摇头,不说话。

大伯妈又说:

"你爹你妈骂你了是不是?"

我又摇摇头。

"那你为哪样不去上学呢？"

"他们骂我是猪脑壳！"

说完这句话，我委屈的泪水终于夺眶而出。

"哪个骂你是猪脑壳？唵？"

"哥新。"我说。

大伯妈的脸色一下子变了。她拉上我，说：

"走，到学校去。"

就这样，我被我大伯妈拉着，来到了学校，她立即就找到了哥新，根本就不问青红皂白，直接骂开了——

"唵，你们当老师是咋个当的！唵，骂我的崽是猪脑壳，你们的脑壳是哪样脑壳？唵，你们这样当老师要得唵？做人不能这样做哩，我看我弟儿脑壳不比你们笨，说不定哪天比你们有出息……"

哥新大约自觉理亏，便躲开了。家光出来劝说了几句，我大伯妈便把我交给家光了。

多少年过去了，我一直不能忘怀那天早晨发生的这些事情，那是我一生中唯一的一次逃学，而在这次逃学中，我品尝到了离群的滋味，孤独、寂寞、惶恐……我也因此体会到了亲人关爱的巨大力量。而这样的点点滴滴，都深深铭刻于我幼小的心灵，使我终生难忘，永存记忆。

俗谚："二月二，龙抬头。"意思是，农历二月二之后，雨水开始多起来。果然，惊蛰过后，雨水是一天比一天多了。

雨是从后半夜下起来的。先是落在竹叶上，沙沙沙地响成一片，接着瓦檐就滴滴答答地喧闹起来了。这时我们能听到大人的对话，问什么东西收进屋了没有，接下来就只有雨的喧嚣和寂寞了。

但是，人们恐怕不能再安稳地继续睡下去了。因为人们接着便听到了天空中滚过的一个响雷。这雷声提醒人们，真正的春耕大忙时节已经到来

二月

了。因而一切农事的筹划和安排,大概也就从这一天的后半夜开始吧。

我曾经听父亲说过,第一声春雷响起的时候,牛会落泪。我倒从未证实过此事,但我相信父亲的话大约不会错,因为春雷不仅在提醒人,而且也在提醒牛,经历了太多的风霜雨雪,它们都懂得接下来的日子该是一种什么样的日子。

到早晨天亮时,我们会看到,嚯,人世间的模样突然大变了!河水涨了,水田的水满了,竹林里的笋子冒出来了,桃花开了,李花也开了,这世界已经是姹紫嫣红的一片。

板壁上的斗笠和蓑衣都滴着雨水,它证明了主人的勤劳。

直到这时,我们才真正觉得春天临近了,感觉日子在眼前突然展开。

在那样的时日里,整个天地仿佛都是湿漉漉的,但空气却让人感到又明丽又清新。这时候如果我们牵一头牛从田埂上走过,那心情就会荡漾起一种美妙的韵律,像风一样亲和,像花一样灿烂,像水一样欢快和明媚。

我在田埂上坐下来,让牛慢慢走过田埂,慢慢吃田埂上的青草。这时节,无论是早晨还是黄昏,盘村的上空都会萦绕着一层淡蓝色的烟云,而阳光斜射过来,又把一个村庄的木楼照耀得金碧辉煌。

油菜快开花了,麦子也即将抽穗,淡蓝色的豌豆花越过了篱笆,远远看去像一群美丽的蝴蝶。田埂边的那些草是又鲜嫩又青翠,我们看着牛慢慢把它们卷进嘴里,心中有一种感动和满足,仿佛自己也参与了咀嚼似的。

田埂边永远开着一些不知名的小花,看上去只是一小朵,一小朵,但连成一片,倒有几分春意。印象中这些小花总是一年四季地开着的,仿佛从不因季节的变化而变化,或许它们一直都在变化吧,只是我从未在意罢了。

有蜜蜂飞来,停在小花小朵上面,花朵的茎便弯了下去,但随即蜜蜂

春分过后,桃花就开了

 木楼人家

就迅速飞走了。

蜜蜂是哪家的蜜蜂呢?不知道。或许就是我家的吧。那时候,盘村许多人家里都养有蜜蜂,但这儿养蜜蜂,却又是跟别处不同的。别处的养,是专业的养,是用木箱子养的,而盘村人家的蜜蜂,则是在蜜蜂自己飞来木楼上做巢之后顺便养起来的,也不刻意经营,随它们自在。它们在,每年割它一两回,可以拿些蜂糖泡凉水吃;若它们飞走了,也不可惜,随它们自去。

但母亲说,蜜蜂若自动飞来人家,那人家是一种福气到来的征兆。

有一年,我家便飞来了一窝蜜蜂,停在仓房的楼板上了,母亲静静观察了它们几日,直到确信它们再不飞走了,便悄悄为它们钉了一块木板,好让它们做窝。这之后,它们果然安心地定居下来,接下来的好几年里,我们家都能吃到一种极甜的纯粹的蜂糖。

但不知过了多少年,蜜蜂飞走了。

母亲说,是蜂王死了,其余的蜜蜂才散去的。

到二月初春分前后的时节,李花、桃花开得烂漫一片了,许多树木都已发出了新芽,盘村人便迎来了大年过后的第一个小节——敬桥节。在过去,盘江是月月都有节日的,大小不同罢了,或者说是庆贺的规格和方式不同罢了,但总是有。我是在许多年后才真正体会到,节日多好,只要不是天天过节,这节日就太能调节人们的生活节奏了。记得小时候问过母亲,人为什么要过节?母亲说,过节么,就是放假,学校要给学生放假,农民也要给自己放假,农民的放假,就是过节。那时我半懂不懂的,现在想来,真是有道理啊。

敬桥节如何敬?简单。就是各家各户选一路头、溪边、河畔、坳口或大树脚下……一切人们有可能涉水过河和休息歇脚的地方,去砍新木头架一部桥,钉一根木凳,即可。桥、凳做成,杀一只鸡,滴点鸡血在木凳

上，再撒一把米，泼些米酒，说几句祝愿的话，便可回家做几样好菜吃饭，就算是过节了。当然大凡去做这种修桥补路事情的人家，家中多半于生活方面还有些许的不满足，或无儿无女，或有儿有女而儿女身体欠安，或家中有病人之类，就要去造新桥、做新凳，供人踩、让人坐，给人方便，是为积德修阴，由此感化上天，使上天施恩于人，最终满足人的一切心理愿望。无所求或无希冀的人家当然可以不去做这些，但也仍要到村东头的大石拱桥边去上一炷香，烧些纸钱。

那大石拱桥是嘉庆年间修的，两百来年了，依然完好如初，岿然不动，桥上铺着大青石板，两旁爬满藤蔓，遮住桥心中央下悬的一口宝剑，据说是斩龙剑。我小时候见过那宝剑，悬在桥的正中央，白色的，但已生了铁锈，歪了，说是被人用木棍戳歪的。谁戳的呢？就是我们村的一个有名的泼皮，叫老忠的。他和他父亲老款一样，什么话都敢说，什么事都敢做，但什么话说了都等于白说，什么事也不可能做得成功。爷崽俩一字不识，只会做活路吃饭，旧社会是全村最穷的人，新社会还是全村最穷的人，爷崽俩除了胆子大，什么都没有。在我们盘江地方上几乎所有的人都信神敬鬼，唯独这一家人不信这个邪。有一年，这个老忠便拿了一根长竿去捅这桥下的宝剑，捅了半天，没捅下来，却弄了满脸满嘴的泥巴，眼睛也"瞎"了。这泼皮才不得已恋恋离去，心里已打算放弃了，但嘴上还说过几天扛一部楼梯来弄。

说来也怪，老忠当天回到家，眼睛就出事了，开始说是落下的一点泥巴灰，以为洗把脸就好，没想到任他怎样洗眼睛也还是不舒服。后来便肿起来了，且红得怕人，人就劝老忠父子去给那桥烧个香纸，道个歉词，老忠开始不去，后来眼痛熬不住，去了，那红肿才慢慢消下去。从此，一村人对这桥更迷信了，不仅逢年过节要来烧香燃纸，而且还要在二月初二这天专门来敬祭。在这一天里，这桥上真是热闹非凡，一般人家为了图吉利求安康，祈求事事如意般般顺逆，无不前来拜祭许愿。倘若家中有难，那就不止于此了，那就得请法师专门主持做傩事来大祭。我七岁便外出求学，所以很少有机会看到这种大祭，但那年老且家杀了两头猪，请全村人吃饭，热闹规模不亚于一场婚礼。法师在家中唱傩戏时我看不到，那时我小，挤不进人群里去，只在很远的地方听人笑，唱词倒隐隐约约听到一些，无非是些荤话，要是平时男人讲这种荤话，村上的妇女不知要怎样笑骂，但此时大伙却都不以为意，里面讲得大声，外面却只是哄笑应和而已，并无邪念。一个老者满脸笑着要来捉我的小鸡鸡，我跑了。

最有趣者，莫过于他们不知从哪里找来一对猪崽，一公一母，拿到新架的木桥上表演交配，一村的男女差不多全聚集到那里去了，听法师唱一回，两个男人便用猪崽表演交配一回，大伙也因此快乐地哄笑一回。我那时懵懵懂懂知道一些事理了，既想看，又颇感害羞，挤在人群中，看别人笑，自己也跟着傻笑。好玩。

敬桥节一过，天气跟着就真正暖和起来了。太阳一出来，天地间便多了一股奇怪的气息。这气息对于人来说有些郁闷，但对万物来说却是难得的。在这些日子里，窗外一切都在变化，比如几日前才开的桃花，却在一场春雨之后，全部谢落了，代之以一树的嫩绿；又比如几天前还是绿油油的油菜，也仿佛一夜之间全抽薹开花了，满坡满谷到处是金黄的一片。阳光柔和地照耀着，蜜蜂忙得晕头转向。父亲呢，铧犁已修理好了，准备着犁耙水冬田。在余下来的空闲里，他带我去嫁接果树苗木和移栽竹子。但他一面做又一面抱怨，说这季节做这两样事情都有些晏了，他说果树苗和竹子在这季节嫁接或移栽，都会伤其元气，尤其竹子，已经快出笋子了，再移栽，就会伤根，影响到母体。但父亲又说，季节太早也不好，太早怕有霜冻，那也同样会坏事。我似懂非懂，跟着他剪枝，挖坑，催肥，居然也忙出一身汗。

二月

到赶场天,父亲到乡场上为我买来了第一批鸭崽,叫我拿到水塘边给它们洗澡。鸭子是天生的游泳能手,一见水,就不要命了,小小的嘴先饮几滴水,跟着就在水塘里快活地追逐起来。

我挖虫子喂它们,起先它们还不大会吃,但几天后就爱虫如命了。

小鸭子的模样是很可爱的。我觉得,很多动物的幼年都很可爱。小鸭子毛茸茸的样子让人怜爱,那时候我想,要是人能变小,跟鸭子睡在一起该有多好。

古诗云,二月春风似剪刀。春分过后,盘江两岸的山坡不仅一日比一日绿了,而且空气中到处充满了一种甜丝丝的味道,这大概是新长的嫩叶嫩芽的清香吧。到月末清明节来临,盘江两岸的山谷里,就到处可见鲜嫩的绿叶了。

有一种树木,叫青冈,嫩叶是甜的,可吃,但不能多吃,多吃会中毒。

青冈的新叶长出来的时候,盘江河的春天便算真正到来了。青冈是不落叶的常绿树,一年四季都是葱葱郁郁的一大蓬,但在春天发新叶时,老的叶子也会慢慢掉下来,这时候,不仅树上的新叶和老叶显出了层次,而且地上的积叶也显得层次分明。

麻栎树则抽出嫩黄的穗,这穗,也就是它的花吧,只不过不成花朵样子罢了。接下来,麻栎的穗会结籽,这籽在整个春季和夏季都是青青的,要到秋天才成熟。成熟的麻栎籽可以用来酿酒,但那酒很苦,不好喝,只有在荒年里,人们才能想到用麻栎籽做酒。麻栎籽还可以做粑粑,也一样不好吃,叫人难以下咽,但在荒年里,麻栎籽做的粑粑可以救人的命。

山坡上,到处是一派生机勃勃的样子。

有一种树,侗语称之为"美哦"(Meixox),汉语该称什么?我不知

屋前屋后的桃花总是开成姹紫嫣红的一片

道。大约是桦树类吧，做柴烧是不行的，但在春天里却可以用来当我们的"井水"。我们把牛赶到山上，口渴了，找不到水喝，就在"美哦"树上砍一刀，水就从树皮底下汩汩流了出来，我们只管把嘴巴凑上去喝，喝个够。那水很甜，且有一股清香味。

"美哦"的皮也是可以吃的。它有好几层皮，把外面的这一层剥开，里面的几层皮都可以吃。

那时候，山上的"美哦"树真多啊！它们常常长在向阳的坡地里，长得极快，一棵小树，几年间可以长成一棵大树，又高又直，亭亭玉立。

"美哦"树也抽穗，但不结果实，不知为什么。

在这个季节里，我们最重要的活路是放牛。因为接下来牛要做大量的劳动，所以牛必须得养肥养壮。

我们带着春节里剩下来的糍粑，拿到山上去烧烤，边烧烤边看牛。因为到处是嫩草和青草，牛就不会满坡乱跑了，只埋头吃草。但牛吃饱了草，便会耍"流氓"，这时候，我们也会很兴奋。一头公牛，先是极有耐心地跟在一头母牛的屁股后面，不停地用嘴去亲母牛的屁股，母牛初时总是不大愿意，但最终却经不住公牛的穷追不舍，站住了，温顺地让公牛爬上背去。一群孩子顿时欢呼雀跃起来。

那时我有多大？我记不真切了，但可以肯定不会超过十岁。

同去山上放牛的，当然也有不少的女孩子。她们那时也并不懂得害羞，一面与男孩共同观看牛们的"爱情"，一面也欢笑和叫喊。

我们模仿着成人玩起了"结婚"的游戏。几乎每个男孩都可以心满意足地"娶"上一个漂亮的"新娘"。在一阵"吹吹打打"之后，"新郎"和"新娘"便可以躲在一棵青冈树下过起"夫妻"生活。

当然我们的"新娘"很少"从一而终"，如果"新郎"不能使"新娘"高兴，她马上就可以当面"改嫁"。

二月

但我的"新娘"却一直是隔壁邻居的阿春。那时候,在我的眼里,阿春便是天底下最美最美的女人了。胖嘟嘟的脸蛋,两个小小的羊角辫,一双又大又亮的眼睛。性情极为温和,对我更是百依百顺。

阿春在我念初三那年便嫁人了,新郎当然不是我,是几十里外南明镇大树脚村的一个老实农民。据母亲说,阿春实际上是被她父亲卖去的,因为那男人有一只眼睛不好,但人家送来了几百块钱的礼,阿春的父亲就同意了这门亲事。

阿春出嫁时我还在学校。母亲说,阿春出嫁时唱了三天三夜的《哭嫁歌》,哭得眼泡皮肿,很可怜。听母亲这么一说,我心里难过极了。

但后来我很少再见到阿春。

有一年暑假我放学回家,在路上看到河边有一个胖胖的少妇在洗衣,是阿春。我立即激动地叫了一声:

"阿春!"

阿春抬起头来,看着我,笑道:

"噢,弟哥,是你呀,你放学了?吓我一跳!"

"洗衣呀?"我说。

"洗衣咯。"她抱怨地说:"两个背时崽,一天到晚又吃又屙,烂贱得很!"

我这才知道阿春原来已经有两个孩子了。这次是她父亲生病,她特意带两个孩子回家来看看的。

到晚上,阿春带着她的两个孩子来看我,大的一个三四岁的样子,但看起来营养不良,人瘦瘦的,且有些呆滞;小的一个一岁半到两岁左右,也是黄黄瘦瘦的,衣服上尽是鼻涕口水,却叫着哭着要吃奶。阿春居然也当着我一家人的面把一个又白又大的奶子塞进那小儿脏兮兮的嘴里。

033

木楼人家

  我看着她,心里有些奇怪的想法,我说小孩这么大了,不该喂奶了吧?我母亲立即反驳说:"这么大就断奶?你晓得你几岁断的奶?你到五岁都还在吃奶!"

  阿春一听,便大笑起来,两个奶子在她的笑声中上下颤动,像两坨热腾腾的大糍粑。

三月栽花三月三，书要读来花要攀。
哥读诗书明事理，攀花只为少年玩。

三月

说不清是哪一天，燕子突然就在田坝上出现了，先前几天还不多，但跟着各家各户的堂屋里都能听到燕子叫了。

燕子是益鸟，我们都很喜欢燕子。

在大人的帮助下，我们在堂屋前的楼板上钉了一块小木板，供燕子做窝。但有些燕子偏偏不领情，它们会在另一处没有小木板的楼板底下做窝，这就很麻烦了。因为人要在楼板上面走动，燕子好不容易做起来的窝便常常会掉下来，有些是做到一半就垮了，有些则边做边垮，做了大半年，窝还不成形，让人心疼。

燕子是要等窝全做好之后才在窝里生蛋孵小燕子的。有时候，燕子把窝全做好了，蛋也生了，小燕子也孵出来了，但窝却突然垮下来了，泥巴落满堂屋，还没有长羽毛的小燕子掉在地上，哀哀地叫唤着，大燕子呢，也站在门前的树上叫唤着，或者在堂屋里飞来飞去。我们的心都碎了，却是一点办法也没有。

燕子一定要等到窝做好后才交配生蛋吗？不知道，如果真是这样，那

它们比人高级。

三月天里,盘江河两岸的田坝上,到处能看到燕子在叫,在飞,在吃虫,在衔泥。这时候,桃树和李树的叶子都很青了,还有椿枒树,叶子都发得很快。叶子发得快,虫就多,燕子来了,正赶上季节。

水田里的虫更多。这时候,正是春耕大忙的时节了,不仅早稻的育秧要做,而且中稻的水田也该犁耙了。父亲每天早晨天蒙蒙亮便牵牛出门去犁田,到中午太阳当顶才回家。在父亲犁耙过的水田里,漂浮着各种各样的小虫子,我们把鸭子赶进田里,鸭子很快就吃了个半饱。燕子也从水田里找到自己的美味,它们吃饱后,便站在电线杆上睡觉,有时候会站成长长的一排,站得像五线谱上的音符。

不过那时候的电线不是今天照明用的电线,而是广播用的电线。那时候,家家户户有一个小广播,广播里时常播送着领导人讲话,以及一些流行的革命歌曲。当然啰,更多的时候,则是我们大队的支部书记三爹万的声音。三爹万在广播里讲什么呢?他什么都讲,有时候讲阶级斗争新动向,有时念毛主席语录,有时是安排各小队的生产,有时则是骂娘。三爹万骂娘是用侗语骂的,外面来的知青起初听不懂,问盘村人:"他刚才讲些什么?"

"你没听见?"

"前面听见了,最后那句没听清。"

"噢,那句,那句话的意思就是……就是,向你妈妈问好。"

盘村人笑起来,知青明白了。从此学会了一句侗语。当地汉族学会的第一句侗语,都是骂人的。

村里开始拉起广播线的时候,我还很小,我记得立电线杆时是三爹万的弟弟四标在挖坑。坑挖得很深,我们围过去看,四标便用老虎钳夹住了我的小鸡鸡。

三月

我哭了。因为太疼。

四标为什么要用老虎钳夹我的小鸡鸡呢？不知道，也许他只是想开个玩笑，但这玩笑太过分了，难道他不知道人身上的东西都是肉做的么？他要夹我，就该先夹夹自己的试试。

直到今天，我还不能原谅四标。因为他把我的小鸡鸡夹坏了，我有好几天屙不了尿，屙起来疼。我父亲去把四标痛骂了一顿，四标一句话也不说。父亲说，他要还我一句嘴，我就把他那狗鸡巴割下来喂狗。

但是，四标没有还嘴。所以四标的鸡巴还好好地长在他的裤裆里。不过四标后来的命运并不太好，先是在中年死了老婆，接下来自己的肾也发了炎，一个人成天躺在床上，皮浮脸肿，半死不活，受罪。

当然，四标还是给我们村拉起了电线。他让我们每家每户都听到了来自首都北京的声音。这一点，他功不可没。

但这广播好像没有响几年，就坏的坏、破的破，最后都哑了。

田坝里留下来的电线杆也东倒西歪，但电线还拉着。一部分被人剪下来捆东西，一部分还挂在几根电线杆之间，供燕子们休息、乘凉。

燕子飞来的时候，要在电线上集中一次，仿佛要开一次大会，然后才各自飞入寻常百姓家。它们讲什么我们不知道，但它们开会是可以肯定的，不然它们干嘛要站成那样一长排，而且还要吵吵闹闹地叫成一片呢？

燕子到秋天要走的时候也同样要集中"开一次会"，但这一次"会"开完，盘村的上空便看不到它们的身影了。

三月里的第一个节日是清明节。清明节是小节，我们地方过得并不热闹，不杀猪、不宰羊、不敲牛，甚至也不杀鸡杀鸭，这算什么节日？不过也还是挺有意思的。这天早晨，父母早早起来烧火煮一大锅腊肉，再蒸一蒸日前做好的醢粑，便带上香、纸和鞭炮同村人一道到祖坟去挂亲。

这时候，盘村的孩子们是最活跃最快活的。他们或跟在大人屁股后

清明时节，故乡万物峥嵘

面,或像小狗崽一样前前后后奔跑着,兴奋地大声呼喊。对他们来说,这一天并不是什么缅怀先人的日子,而是一次实实在在的春游活动。

盘村人的祖坟山是一处风景很美的地方,山坡上长满了高大的松树,而就在松树与松树之间的空地上,埋着他们的先人。

人们来到祖坟前,先用镰刀割去坟上的杂草,再打扫一下墓碑,然后才在坟头碑前摆上腊肉汤、醮粑、供饭和酒,再烧香燃纸,默默祭奠。小孩呢,则早在一旁等着放炮,见大人把供品摆得差不多,便问:

"爹,可以放炮了吗?"

"放吧。"

随着大人的话音落下,鞭炮声便在坟山上噼噼啪啪地响起来。

鞭炮声和着人们的说话声在山谷里回荡着,传得很远⋯⋯

祭过最亲的祖坟后,各家各户便要集中到一处,祭祀一些共同的先祖。无非也是把刚才祭过的祭品再从篮子里拿出来摆一遍,但一边摆,一边就要告诉小孩这祖先跟他的关系,说这是谁的公,谁的太。小孩当面"哦哦"应着,仿佛已经明白了,其实心里还是糊涂的。

大伙祭过共同的先祖之后,便可以吃供品了。大人嘛,当然最喜欢那一壶酒和那锅腊肉汤。用腊肉下酒,这对于我们故乡的男子来说,实在是一种难得的享受。小孩呢,却只喜欢吃醮粑,醮粑吃过,便在坟上一边追逐打闹,一边捡野果吃,也是很开心的。

但是,倘若这一天下着雨,那么大伙便不能这么快活了。各家各户到祖坟山匆匆祭过,便提着祭品回家。到夜晚,才集中于某一户吃清明饭。边吃边讲述祖先的历史,是这一顿饭的主要内容和目的。

我爷爷的坟不在盘村的祖坟山上,而是在十几里山路之外的宰未村的田坝中间。我不明白为什么我爷爷会选择那么遥远的一处地穴来安埋自己。父亲说,那坟地是我爷爷生前便买好的,他很满意于那一处山水。

三月

  从地理上说，我爷爷的坟地真是不错。那是田坝中间的一座小山包，山上尽是软软的岩石，山前为一片开阔的大坝良田，但在坟头正对着的田坝上，又有一个小石山，我爷爷说，那石山便是他的金饭碗，守着这一只碗，他在阴间再不会挨饿受冻，缺吃少穿。因此他花重金买下了这块宝地。

  山后有一条小溪沟，流水潺潺，的确可以称得上是山清水秀，风物宜人。

  但是，我爷爷在阴间是否如愿以偿了呢？这就只有天知道了。

  不过对于这一处祖坟，我的整个家族都是很满意的。据说在挖我爷爷的坟穴时，竟然在脆软的石头里挖出了两条黑泥鳅，当时就使所有在场的挖穴人惊讶不已。对这事，我始终有些怀疑，因为在我的经验中，泥鳅只能生活在有水的泥田中，所以疑心这只是族人的故意夸张。但我大伯父说："不骗人！我亲眼看见的，活生生的两条泥鳅，当时好多人都看见的。"因为大伯父是盘村最老实本分的人，一生从来不说谎话，所以又不能不叫人相信。

  有一年我的一位嫁得很远的姑妈的儿子来给我爷爷挂亲，他说他是为完成母亲的遗愿而来的。他母亲说，你们现在日子过得很好了，不要忘了这是你们外祖公保佑的结果，你们有机会，要去给外祖公烧烧纸，上上香。

  据说我那姑妈嫁给我姑爷时，我姑爷穷得连条像样的裤子都没有，出门见客，要穿我姑妈的裤子出去。但是后来我姑爷居然参加了工作，而且还一路攀升当了一届县长，还到北京出席国庆十周年庆典，被毛主席接见。

  我姑爷二十世纪八十年代中期退了休，回故乡老家安度晚年，现在还活着，年近八十的人了，身体还硬朗得很，每天能喝半斤酒。

  我姑妈的大儿子，也就是来给我爷爷上坟的大表哥，他八十年代初开

始买汽车跑生意,后来发了财,所以他相信这是外祖公保佑的结果。

他来给我爷爷上坟的时候,我父亲还在世。我父亲、我大伯父、我表哥、我,四个人坐在我爷爷的坟前边喝酒边讲述我爷爷的故事。我父亲说,我爷爷有先见之明,解放前夕,许多人家还在买田买地,结果一逢解放,这些人都成了地主。我爷爷不同,他在解放前夕是大量卖田卖地,所以后来我父亲只被划为中农。我爷爷买的唯一一块地,便是这块坟地,这块坟地风水好,价格高,一般人家舍不得买。我爷爷连价都不还,就把一大袋银子交给对方,结果没多久就解放了,那卖地的人成了大地主。那地主后来哭着骂我爷爷:"搞祥呀搞祥,都是你害了我。"

那地主后来被政府枪毙了。但他的儿子还在,他儿子的儿子是我初中同学,读初中时,我们玩得很好,有一年我到他家去,闲聊中谈到我是搞祥的孙子,我那同学的父亲顿时眼泪纵横,感慨万千,说:"小弟呀,你公害我一家害得好苦呀!"

说老实话,当时我恨透了我爷爷,我觉得我爷爷这样做真是太不应该了,叫我无地自容。

但我讲到这事,我父亲和我大伯父都说:"这事怎么能怪你公呢?"

我表哥说:"怪哪个?怪老天爷!"

我们一面感慨,一面喝酒,不知不觉混过了一个上午。突然,我表哥叫了起来:"满舅,原来的那座宝山呢?到哪里去了?"

这时,我们才注意到我爷爷坟前原来正对着的那一座岩石山不见了。父亲说,农业学大寨那年被他们宰未村人挖掉了。

我表哥便说,这下子老外祖公的金饭碗就没有了,不知他现在靠什么吃饭?

我父亲说,靠什么,什么也不靠,靠自己,靠改革开放,各显神通。

我表哥说,是这样唷,还是满舅讲得好,来,喝!

于是我们抬碗喝酒,一直喝得天昏地暗,喝到太阳偏西。

三月

清明节虽不是大节,但显然是个很有意义的节日。古诗里说:"清明时节雨纷纷,路上行人欲断魂。"但我觉得,清明这天在我们盘江却完全是另一种景象。大家缅怀祖先,对先辈充满了绵绵的思念,这自然是无疑的,但似乎远没有到"欲断魂"的程度,大伙一路上有说有笑,倒显得十分开心和愉快。我觉得故乡人在对待生死上,比外乡人要大度从容些,也更自在些,这大概跟故乡一带险恶的自然环境及由此导致的高出生率、高死亡率相关吧,见到的事情多了,也就见怪不怪了。不像别的地方,死一个人,像塌了天,痛不欲生,几年还恢复不了元气。

对于我们小孩来说,清明节就从来不曾有过一层缅怀先人的意义。清明节于我们的概念是什么呢?就是玩耍,到山上吃饭,吃清明粑,放鞭炮,以及采摘各种各样的花朵和野果。

清明粑有两种:一种是醮粑,用黏米做成的,硬,凉了很难吃,但蒸熟了,或用油煎炒,也很好吃;另一种是甜藤粑,用糯米、甜藤和棉花菜做成,软、甜、香,非常好吃。我小时候对甜藤粑百吃不厌,而且感觉从来没有吃饱过。糍粑可以吃饱,吃腻,但甜藤粑还真的感觉像总吃不够似的,明明肚子已经吃撑着了,嘴里还感觉欠欠的,还想吃。

甜藤粑也叫三月粑,是用猴栗树的叶子包的,树叶也很香,粑吃完了,粑叶有时还舍不得丢,拿在手上,有一大股香甜味,非常好闻。

那时候,盘村四周有满山遍野的猴栗树,猴栗树叶就不稀奇。后来毁林开荒,树砍光了,猴栗树的树叶也难找了,只剩下村南的一棵树种,一到清明节,那棵大猴栗树的树叶便要被村人采摘一空。没几年,这株猴栗树也死掉了,盘村人从此再也吃不到用猴栗树叶包的清明粑。现在盘村人用什么包清明粑呢?什么也不用,就直接用甜藤(现在甜藤也少见了,村人常以白糖代之)、棉花菜和糯米做,不用包,用油炒,炒成一块一块,也很好吃。不过,我觉得还是比不上用猴栗树叶包的好吃。猴栗树叶包的清明粑,既好吃,又好看,还好带,放在背篼、竹篮里,拿去走亲戚,很

方便。没有猴栗树叶包的清明粑怎么拿？不好拿了。

吃清明粑的时节，便是山上杜鹃花开放的时节。杜鹃花有很多种，开的颜色也不同，有大红的，有水红的，还有淡紫色和白色的，都很好看。盘村人去远一点的地方挂亲，必然要顺路折一些杜鹃花回家来，给小孩们玩，玩够了，花朵可以摘下来吃，是酸的，但不是太酸，感觉味道蛮不错。清明节腊肉吃多了，吃几朵带酸味的杜鹃花，感觉会蛮好。

杜鹃花若被小姑娘养在水瓶里，放在闺房的窗台上，有过路的人从窗下经过，抬头看到窗里的人和花，人花相映，心上感觉不知有多么奇妙，多么柔和，多么酥软……

清明节过后，农活便一天比一天忙起来，除了大麦要收割，红苕要育苗，黄豆和苞谷要栽种，水稻田也该积肥了。水稻田的积肥光靠农家肥是不够的，还得到山上去采摘些嫩草嫩叶来，泡在水田里，让它发酵，变成有机肥。

阿春和她母亲从山上割来一挑挑嫩叶，她挑着嫩叶走过田埂，赤着脚，小小的脚丫快速地移动着，背上的蓝衣裳全透了汗，脸上额上也淌着汗。早晨的太阳已越过山头，正从东边的树丛间照射过来，田野里洒满了细碎的阳光，阿春的身子也在树丛的阴影与阳光之间交替闪现。最后，她在一丘弯弯的月亮形的水田里停住了，放下了肩上的担子，并从草捆中拔出杠子，然后坐在草捆上休息、喘气。跟着她妈妈也在山坳口出现了，她看着妈妈从田埂上小跑似的走来，最后走到她身边，也像她一样把草叶放下，拔出杠子。但她妈妈并不休息，而是转身往回走。她们还要继续到山上挑草叶。

我赶着鸭子从田埂上走过，看到浑身是汗的阿春，有一点心疼的感觉。我问阿春，为什么不把草叶丢到田里去。阿春说，要等沤烂了才丢。"累吗？"我问。"咋不累？！"阿春说，"做活路的人，哪能像你们读

三月

书人那么安逸。"那时候,阿春已不读书了。在我们盘江,女孩子大多不读书,不是她们不肯读,是父母不让读。父母说,女孩子读书有哪样用?反正迟早要嫁人。所以舍不得花钱让她们读书。不仅不让读书,就是吃饭也不能上桌。那时候,倘有客人来,女孩一般是不能与客人同桌吃饭的,只能站在旁边服侍客人,帮客人添饭。吃完饭,还要给客人倒水洗脸洗脚。唉,那时候的女孩子,活得真不容易。

就在我和阿春说话的时候,她妈妈在远远的地方叫起来了,阿春便应一声飞快地跑过田埂,向着那洒满阳光的山坡奔去。

我的鸭子则在亮汪汪的水田里兴奋地追逐着,它们每次下水时都要这样追逐一阵,显示它们高超的游泳技术,然后才安静下来,在田中觅食。

已经放有草叶的水田里,那水的颜色是不一样的,有些发绿,有些发紫,有些发红,但过不了几天,最终都将变成粪色。

整个白天,人们都一直忙碌着,田坝上、山坡上,到处都是劳动者的身影,积肥的积肥,犁田的犁田,挖土的挖土,砍柴的砍柴。挖什么土?挖新土,挖旧土。挖来做什么?挖来种苞谷,种黄豆,种花生,种红苕。砍什么柴?砍新柴。砍新柴也叫砍春柴,就是把柴砍好堆在山坡上晒干,然后再挤农闲时间去扛、去挑,这样用起来就方便多了。要不你临时去砍,去哪里砍?而且临时砍的生柴,能烧吗?不能。所以砍春柴很要紧。尽管此时活路很繁重,但春柴却不能不砍。不过砍春柴可与挖苞谷土结合起来,就是一边砍春柴,一边把砍春柴的地方用来做土。柴砍下来,放到山脚堆成垛。而等柴的枝枝丫丫晒干,再点一把火烧了,再挖一挖,种上苞谷和黄豆,或者不用挖,直接撒上小米,到秋天也一样能有好收成。

那时候,山上哪里没有柴啊!山上到处是树、是柴。那时候做集体,队上人统一出工,包饭到山上,砍它几坡几岭,男人砍大树,女子砍灌

故乡森林的春天景色

木,把一匹匹的青山剃成光头。砍山容易吗?不容易。因为山上有毒蜂,有蛇,有千缠万绕的藤蔓,有各种各样的毒草,一不小心,就会有生命之虞。但是,不怕,人多力量大,大伙在队长的率领下,热火朝天地砍。于是,树倒了,天空也亮堂了。再过几天,队长再点一把火烧掉,火光冲天,让所有的一切化为灰烬,最后让汗水转化为粮食,让辛劳换来收成。

因此,在整个三月间,砍柴,砍树,砍山,成了盘江地方最重要的一项农事。而要做好这一项农事,关键是要把刀磨快。"快",是盘江地方土话,就是锋利的意思。刀斧都须异常锋利,否则费力不讨好。所以在这个季节里,磨刀也成了一项顶重要的活路。早晨,或者傍晚,都能看到家家户户的男子在自家的后阳沟上磨刀,骉、骉、骉,磨得寒光闪闪。家中婆娘做好了饭菜,出来喊:

"吃饭啦!"

男人这才用大拇指在刀刃上试试。嗯,不错,已经可以当剃刀用了。于是心满意足地收拾起行头,擦擦手,吃饭。

饭是白米饭,菜是荤菜。在这季节里,人不能吃杂粮,也不能吃素。吃杂粮吃素,那在山上就可能出洋相。一个男人,砍一棵大树,半天砍不下来,那能像男人?不像。这样的男人不仅要被男人嘲笑,而且也让妇女看白,在人群中永远抬不起头来。吃硬饭,干硬活,这道理连毛主席都知道,所以他号召全国人民,闲时吃稀,忙时吃干,真是深得农家之道啊!这时节,男人们不仅要吃干饭荤菜,而且要喝酒,而且这酒不能是一般的苞谷酒、红苕酒,更不能是青冈、麻栎酒,得是米酒,最好是糯米酒。俗言,饭胀傻脓包,酒壮英雄胆,喝了酒,人就有力气有胆量了,就什么大树也能砍了,就什么困难也不怕了。有一年,集体在高他塘砍山,遇一棵大青冈树,大到什么程度?三人合抱抱不拢。有人试着砍了一斧,好家伙!咣的一声,像砍在石头上。大伙说,砍不了,砍不了,莫砍了。大伙便绕过这棵树,去砍别的,但别的树也砍不倒,原因是这棵树上的藤蔓缠

三月

着别的树了。队长说，谁能砍这棵大青冈，加十个工分。大伙议论纷纷，有人又去试，还是不敢砍，说除非有酒。第二天，队长带了一壶米酒去，说，酒有了，谁来砍。大伙还是没人敢砍。最后是老忠那泼皮去砍了，他喝了酒，砍了半天，树倒了，他自己也被后面跟着倒下来的树拍到对门坡，但他命大，居然不死，只是脑壳破了，睡了半个月。

在紧张而繁忙的劳动中，盘江人迎来了三月里的第二个节日——三月三情人节。这个节便是大节了，不仅场面热闹、隆重，而且内容也丰富复杂。

这天早晨，盘村的男男女女，差不多要全村出动，到天柱、剑河、锦屏三县交界的高摆山上去唱歌。唱什么歌呢？当然是唱情歌。青年人唱，老年人也唱，凡是会唱爱唱的人，在这一天都可以尽情地唱，唱个够。姑娘唱得好，后生就去和；后生唱得好，姑娘就来应。先前是集体对集体的，唱着唱着，唱到下午太阳落山，大伙彼此都了解了、熟悉了，也相互信任了，就单独唱了。在这一天，高摆大坡的茶山上，到处是人，也到处能听到人唱歌。有些看热闹的，做买卖的，这一天也赶到坡上来玩耍做生意，还有些专门斗画眉的、斗鸡的、斗鹌鹑的，也都赶来凑热闹。因为人多，所以做买卖的生意好做，凑热闹、唱歌的人也感到方便和快乐。

唯一不方便的便是解溲。那年我跟我满姑去赶会（因为是在山上唱歌，所以三月三情人节又称"赶坳"或"赶歌会"），一泡尿憋得没地方撒，我满姑说，你小娃崽怕什么，就在路边解吧。但我刚脱下裤子，一对姑娘就走过来笑我，说："莫那样搞弟吔，你自己的东西还是看好一点，今天姑娘多，要是哪个看上了你，莫要舍不得啃。"我满姑代我回答："它还小噢，等它长大了你再来拿。"

那是我一生中唯一的一次赶歌会。虽说那时我年纪小，但对于人间情爱，应该说并非完全懵然无知。当满姑和盘村的姑娘们一道与另一村的男子唱起情歌的时候，我觉得自己心中也同样涌起股股暖流。这暖流是如此异样，又是如此美好，以至多少年过去，我一直不能忘怀。如果说每个人都有一个情窦初开的日子，我觉得我真正的爱情启蒙，正是从那一天开始的。

为了这次赶会，满姑做了精心的准备，她打好了几双鞋垫，还买了一支钢笔。我不知道她最后把这些东西送给了谁，但是，她肯定是送出去了，而且一定是送给了她喜欢的男人。当她同男人唱歌的时候，我只在不远的地方等着。我能听到她的声音，知道她离我不远，所以我很放心地在山上看和听。对我来说，这次歌会于我最深刻的印象就是人多歌响，而这次歌会于我心灵的影响，则是使我明白了歌唱对于生命的重要和美好。

那时满姑和她的伙伴们头上盘着红头绳，身上穿着阴丹士林布的父母装，脚上着自己编织的细耳草鞋，背上呢，则背着那时十分流行的蛤蟆口袋，口袋里有她给男人的礼物和我要吃的三月粑。

为了这一天，她们准备了很长的时间。在三月和风吹拂的夜晚，她们集中在满姑的闺房里，一遍又一遍地练习唱歌，母亲呢，一面在火塘间做事，一面就给她们做指导。她们一连唱了好几夜。

那时的满姑，是多么青春美丽啊！好几回傍晚收工回来，她躲在闺房里用木盆冲凉洗澡，她叫我帮忙拿这样那样，我看到她的身体像月光一样皎洁美丽，她的目光也有如三月的春水一般柔和多情，热烈执着，如醉如痴。

> 清水洗衣白水浆，
> 听说情哥要回乡。
> 哥要回家同妹讲，
> 手边东西送几样。
> 头上雨伞送一把，

脚下草鞋送一双；
布包鞋垫有两对，
一二拿来交送郎。
嘱咐一声莫忘记，
千万千万记心肠。
口干莫吃田中水，
恐怕田中有蚂蟥。
高岩陡洞莫打望，
涌水滩头莫过江。
深山野林莫歇气，
猛虎坳上莫歇凉。
赌钱打牌哥莫去，
行凶打架莫拢场。
为人全靠讲根本，
安分守己才久长。
真情的话对哥讲，
望郎牢牢记心上。
哥若记得妹情意，
万里江山久久长。

日子一天天过去了。

谷雨过后，油菜可以收割了。

油菜先要割了放在地里晒干，然后扛谷桶到地里去，把油菜籽搓在谷桶里。所以收油菜不叫"收油菜"，也不叫"打油菜"，而叫"搓油菜"。于是人在路上打招呼时说："搓油菜呀？""嗯，去搓点油菜，活路忙，那油菜都烂在地里了。""今天天气好，赶紧搓。""是啰，也是看今天

太阳大才来搓点，再不搓，就发芽芽了。"

那时候，谷雨前后的时节里，盘村的田间地头到处是人，搓油菜的搓油菜，薅洋芋的薅洋芋，还有收大麦的、拔燕麦的，栽烤烟的，割豌豆、胡豆的，种南瓜和饭豆的……活路总是多得做不完。到立夏，小麦也要收割了，高粱和小米要种，晚苞谷也得种，葵花要不要种？也要种。青麻要不要栽？也要栽。

那时候，我满姑在我家菜园里种有一台葵花地，也栽得一片青麻。葵花要到盛夏时节才开花，入秋后才收获；青麻却是很快就可以收割了。青麻的收割是把麻秆砍下，做成一捆，抬到河边浸泡，泡了好些时候，才把皮剥下，再泡，泡到发烂发臭了，才将麻皮洗净，抬回家晾晒，晒到晾衣竿上，晾干了，就可以用麻皮搓成麻绳了。搓麻绳干什么？搓麻绳做线。做什么线？做纳鞋底的线。那时候，满姑要纳许多鞋底，要用很多麻线。到夜晚，家里点着枞膏，母亲便在枞光下纺纱织布，满姑则在枞光底下纳鞋底搓麻绳。搓麻绳是在大腿上搓的，直搓得那腿发红，生疼。但来搓麻绳的不止她一人，还有好几个姐妹，大伙边说话边干活，时间也过得快，一晃眼，到半夜了，枞膏也点完了，大伙才散去睡觉。

唉，那些夜晚，那些日子，如今都已经像梦一般遥远了。

四月栽花四月八，口含凉水润菜花。
细心料理花才大，花树成林人成家。

四月

立夏过后，四月就到了。

四月到了，盘江真正的春耕大忙时节也就来临了。

雨多起来，夜晚下，白天也下。整个世界都是雨雾蒙蒙的一片。

盘村人说，雨多才好，雨多水多，水多财多。我理解盘村人说的"财"是一个相当宽泛的概念，就是说，这是一个包含一切能指的财富，而不仅仅是具体所指的"钱财"。比如说，雨下得多，田就不干；田不干，就好犁，好耙，好插秧，来年有好收成。又比如，雨下得多，河里就涨水；河里涨水，就会带来"浮柴"，人到河里捞"浮柴"，省去了许多砍柴、扛柴的工夫。再比如，雨下得多，竹笋也出得多；竹笋多，就有笋子吃，就有竹子编竹箩、竹筐之类的农具。这些不都是"财"吗？只不过，这些不是直接的"钱"罢了。

但雨水太多也不好。雨水太多，山会垮，田埂会崩，秧地田会被冲毁，麻烦。因此立夏过后，盘村的男人都要披蓑衣戴斗篷到田边守候秧地。所谓"秧地"，就是培植秧苗的田地。这时候，秧苗刚长起来，马虎不得，雨水太大，把秧苗冲坏了，那可不是好玩的，盘村人一年中最大的指盼和依靠便只在这秧苗上。秧苗好，稻子才好；稻子好，谷子才好；谷子好，人的肚子才不会挨饿，一年的日子也才有可能平平安安度过。正所谓一好百好，一不好百不好。所以秧苗是盘村人的命，不得不小心照料和看护。水大了，要开沟放水；天干了，则要挑水灌溉。总之这是盘村人进入四月以来第一要紧的活路。为这活路，盘村的男人要瘦掉身上几斤肉。

但是，瘦掉一点也不要紧。在这时节，雨只管下着，河水也只管涨起来。河水涨了，大河边的鱼和虾就往我们这小岔河奔上来了。哈，这倒忙坏了一村的妇女，拿了撮箕到河边只管撮。当然那鱼虾都是活的，它会在河水里等你去撮吗？不过是河中心水流湍急，鱼虾便顺着河边水草走。你拿了撮箕去，一只手把它掌在水草边，另外一只手拿着一片竹耙赶，啪啪啪，啪啪啪，那些鱼呀，虾呀，螃蟹呀，泥鳅呀，就全进了你的撮箕。你把撮箕提起来，让水漏下去，鱼虾就在撮箕里蹦跳了，你用手一捞，放进腰间的笆篓，再把撮箕放下去撮。撮一早上，可以撮到四五斤鱼虾，手气好一点的，可以撮到七八斤。这样一来，几天里男人的下酒菜就有了，瘦下去的身子也可以补回来了。

还有竹笋，在这季节里简直是发疯一般地从地里冒出来，到处都是，满山遍野。采笋子倒不用专门放下活路去采，女人只需在天黑前到河边走一趟，便能掰回来一大把；或者男人早晨上山割草的时候，也能顺便带一把回来；或者女人去山上打猪菜时，都可以顺手带回来一两把。拿回家中，叫小孩把笋壳剥去了，洗一洗，切细了炒腊肉，佐以酸菜和辣椒，天哪，那种美味岂是文字可以形容的！

说到笋子我想起我老屋门前的那些楠竹笋，老实说，楠竹笋并不比山上的小笋子好吃，它有一种味道是"哈喉"的。"哈喉"用普通话怎么说我不知道，它的意思就是对咽喉有一种刺激，不太舒服。但这是那些不会

四月

弄的人弄起来的缘故,会弄的人,就不仅不"哈喉",而且味美无比。

怎么弄才不"哈喉"呢?其实方法很简单,就是把新鲜的楠竹笋切成片,用滚开水烫过一遍再炒,同样伙腊肉炒,拌以生姜、大蒜、辣椒,这就不单香,而且味道极其鲜美。

楠竹笋现在城里称为玉兰片,寡贵,但在我们家乡却烂贱得不得了。我家老屋前的那坪竹子,每年要长上千个笋子,吃得完吗?吃不完。城里人炒玉兰片,伙肉炒,只有小小的几片,如果是一桌人吃饭,每人最多能尝到一两片,量太少了,根本吃不出味来,别人说好吃,自己也跟着说好吃,其实并不知道具体什么味。在我家乡,玉兰就不是炒几片了,炒多少呢?炒一大铁锅,舀出来就是一大盆。为什么炒这么多?没办法,因为一个笋子炒下来就有那么多。笋子挖出来了,就得全部炒,不炒完,客人就会说你抠门。炒那么多吃得完吗?吃不完。吃不完没关系,吃不完下顿再吃,让你吃个够。好吃吗?好吃。笋子炒腊肉,哪有不好吃的?!

那时候父亲叫我去挖笋子,他说挖笋子要挖那种小个的,长不好的,或长得密的。大个的,长得好的,长得稀的,要留下来长竹子。我看个个笋子都差不多,所以拿起锄头就乱挖,拿到家,父亲一看,说,太大了,你怎么挖的?下次父亲自己来挖,他拿锄头在竹林里走来走去,大半天下不了锄。我觉得,父亲是天底下最爱惜竹子的人。

笋子长到一尺高,就不能吃了。再往上长,就成嫩竹子了。

笋子的壳自己会掉下来。村子里的许多姑娘便来捡笋壳。捡笋壳干什么?捡笋壳做鞋样,就是鞋的模型。为什么要用笋壳做鞋样而不用别的东西?不知道。我只知道村上的妇女都很需要笋壳,要笋壳的目的就是拿去做鞋样。因为女人们总是要做许多的鞋,所以也需要太多的笋壳。但笋壳上有一层绒毛,要十分当心,否则会刺人皮肤,奇痒无比。

立夏也算个小节吧。这天要吃笋子。为什么这天一定要吃笋子呢?不

知道。据说冬至这天吃羊肉的理由是御寒防寒,这有些道理,因为羊肉是发热的。那么立夏吃笋子是什么道理呢?好像没什么道理,要有的话,就是笋子太多,不吃可惜吧?

立夏吃不吃笋子我无所谓,反正立夏前后也常吃笋子。我很在意的是两种水果,一种是樱桃,一种是小米泡。

那时候,我们盘江河两岸的山坡上到处是樱桃树,不是人工栽的,是自然生长的,野生的。樱桃树在二月开花,三月结果,四月成熟。那果实又红又亮,望一眼就叫人嘴馋,抓一把放在嘴里,哇!这是什么水果呀,简直是仙人果!酸甜酸甜的,真好吃!吃樱桃我一次可以吃二三斤,连核一起吃。我们盘江人吃东西,是从来不吐什么东西出来的,吃得干干净净。吃鱼不吐骨刺,吃鸡不吐骨头,吃樱桃、杨梅不吐核。这是习惯。

有一年我跟厦门大学的一位教授吃鸡,他吃着吃着突然就不吃了,锅里剩一大半,服务员拿去倒掉。餐后我问教授何以突然不吃了?是不好吃?教授说,不是,鸡是非常好吃,已经吃了不少,而且还想吃,但看你的面前骨头无几,而我的面前鸡骨如山,自觉不好意思再吃,所以恋恋舍筷尔。我一听就大笑起来了。教授问:"老弟为何发笑?"我说:"您老有所不知,本人吃东西有个习惯,就是从不吐骨头,不要说鸡骨头,就是猪骨、牛骨、虎骨,也照样狼吞下肚,决不浪费,所以我餐桌前骨头少,只能说明我吃得多,而不是吃得少也。"教授一面大感惊异,一面深悔自己观察欠仔细,以致中途盲目舍筷,浪费美味良多。

我所说的绝无半点夸张。盘江人的习惯,猪骨和牛骨的确是从不丢弃的,而是留下来,用温火煮融,再用石碓舂烂,舂成骨粉,然后拌以辣椒、盐巴、生姜、大蒜、炒米,放入坛罐腌泡,数月后取出食用,可生吃,可熟食,其味美无比也。所以,吃樱桃不吐核算什么?这就实在不算什么了。小时候大人们威胁我们,说吃杨梅要吐核,否则会从头上长出树来,但这样的恐吓显然没有力量,因为大人吃樱桃、杨梅,从来都是"混

四月

吞"下肚的,他们头上咋不长树呢?因此,说盘村人吃东西不吐骨头,与其说这是一种能力和爱好,不如说是一种祖传的技艺吧。

我要说,在故乡,最令我怀念的水果,的确莫过于樱桃和小米泡了。那时候樱桃树很多,很容易吃。但樱桃树有个缺点,就是它的树身很高,且树枝脆弱,不易上树攀摘,所以要吃樱桃,往往得把树砍倒。这样,吃一回樱桃,砍一棵树,不几年,樱桃就从这盘江河谷的地面上消失了,绝迹了。我后来在城市吃过几回樱桃,感觉味道总不及故乡的樱桃好。我觉得这不是一种心理作用,而是事实,我想任何人工栽培的东西都很难比得上天然的东西。樱桃是这样,小米泡也是这样。小米泡,即草莓当中的一种,因其肉质酷似小米而得名。小米泡是长在山上的,野生的,味酸甜,类似樱桃,但比樱桃更甜更有水分。如果说草莓是水果之王,我觉得小米泡便是王中之王了。那时候,天下雨了,桐油花也开了,满姑和父亲从山上收工回来了,满姑要给我带回一大包小米泡,是用桐油树叶包着的,鲜红、艳丽,一望而使人胃口大开,胃酸迅速分泌。

在我的印象中,故乡的四月正是各种水果成熟的季节。除了我特别喜爱的樱桃和小米泡,还有杨梅、李子、桃子、枇杷和"罗威"(luocweins)。"罗威"是侗语的叫法,汉语叫什么我不知道。侗语里许多动植物的名称在汉语里不是没有对应词,就是根本没有这一类词的概念,我疑心这是侗乡特有的动植物。比如"罗威",就是一种形似牛奶的野生水果,但这种水果除了在我的故乡盘村有,别处我再没见过。我想这是完全有可能的。就是说,在我故乡,原来可能存在许许多多的珍稀动植物,后来也都随时间消失了,灭绝了。有一回,我在一个朋友家看到一本《雷公山自然保护区科学考察集》的书,里面所附彩页中说明的雷公山保存的许多国家珍稀动植物,如蕙兰、马尾树、钟萼木、独蒜兰、百合杜鹃、望春玉兰、大鲵、尾斑瘰螈、弹琴蛙、棘指角蟾、大树蛙、泽蛙、五步蛇、眼镜蛇、丽纹游蛇、竹叶青、乌梢蛇，红腹锦鸡、鸳鸯、苍鹭、黔金丝猴、草鸮、穿山甲、果子狸，天麻、蛇菰、蛇莲、灵芝菌、长裙竹荪、竹林蛇头菌、硫色干酪菌……天哪，这些东西居然还"珍稀"，那时候这些东西在我们故乡老家简直多的是，只不过有些东西我们并不知道它的汉语称呼罢了。比如大鲵，这东西在我的故乡盘村就叫娃娃鱼，那时候我们盘江河上游的两条岔溪里，这种鱼多的是！我和同学星期六放学回家，顺便到溪里摸一摸，随便可以捉两三斤做下饭菜。据说这东西如今珍贵了，国家明令禁止捕杀，但大饭店里还是有人吃，悄悄吃，吃一条大鲵上千元，我的天，这样说来，小时候我们真不知吃掉了多少万元。又如草鸮，这其实就是猴面鹰……唉，那时候，这些东西在家乡哪里见不到呢，到处都能看到。

可以说，在我小时候，故乡盘村还是一片原始森林，我估算一下，这片原始森林的面积大概有四十平方公里，它原本与剑河的八卦河那一带原始森林是连成一片的，而那一片，至今仍有所残存。几年前我带法国的汉学家安妮·居里安去我老家，乘汽车走公路从那片残存的原始森林里经过，安妮大为感慨，说这片森林的景致可与湖南的张家界有一比。我没去过张家界，但看过有关的电视和图片，我觉得，安妮并没有刻意夸奖。但是，我心想，如果她看到三十年前我故乡盘村的景致，她该作何评价呢？那就不是张家界所能比拟的了。张家界，说到底，那也是一种幸存吧。说到这里，我不得不痛切地说，无节制地毁林开荒，对自然的破坏是巨大的。

我们还是回过头来说说盘村四月的水果吧。杨梅，这时候开始成熟了。盘江这地方，山高谷深，气候呈垂直分布，一山可见四季景色，因而杨梅有早熟的，也有晚熟的。河谷地带的，要早熟一些，此时已是乌红一片。高山坡岭上的杨梅，则会拖到七八月之后才熟，有些甚至要到九月重

四月

阳才熟。所以在我们盘江,吃杨梅差不多是一年三季的事情,就是说,除了冬季,时时可吃到杨梅。而且杨梅的品种也很多,有红杨梅,还有青杨梅、白杨梅。外地人看到白杨梅,以为不熟,不敢吃,直到看到盘村人大口大口地吃,还觉得很纳闷,其实他们是不知道杨梅有不同的品种和颜色啊。

　　李子、桃子和枇杷,都是家种的,野生的就少见了。有一种苦李,野生的较多,但要到八九月打谷子以后才能吃。四月间吃的李子,就只有家种的。全村中李子树最多的要数儒言一家,他家住在半坡上,门前屋后有很宽的地方让他栽种李子树,那时候,他家的李子多得吃不完。吃不完咋办?吃不完就挑上街去卖。卖也卖不了几个钱,因为家家户户都有李子树,谁买?!当然还是有人买,街上的人家买,但买得也"相因"。"相因"就是便宜,这是盘村土话。多少钱一斤?两分钱一斤,一毛钱可以买五斤,可以吃得拉肚子了。

　　相对来说,桃子树和枇杷树要难料理些,因而果子也少些,尤其枇杷树,成活率较低,所以少见。有枇杷吃的孩子,便有一种荣耀感。我家那时没有枇杷树,但吃过一回别家的枇杷,觉得枇杷并不好吃。对我来说,故乡最好吃的水果还是樱桃和小米泡,可惜樱桃树在我家乡已经绝迹了。

　　到四月初八,盘村人又要过节了。这节叫"四月八"节,内容是吃乌米饭。

　　传说这天是牛的生日,所以要给牛放假,给牛做乌米饭吃。据说古时候人们刀耕火种,十分辛劳,老天爷可怜人,派牛下凡帮人做活路,从此人做活路便有了个最得力的帮手。牛下凡这天,正是四月初八日,所以就把这一天定为牛的生日。这一天,人们不仅不能让牛再干活,而且要给牛解凉(洗澡),灌酒,吃鸡蛋,喂乌米饭。乌米饭就是用乌饭树的叶子汁与糯米一起浸泡染成的带乌黑色的糯米饭。据说牛最喜欢吃乌饭树叶,

小满过后,就开始栽秧了

而人最喜欢吃糯米,所以为了表达自己对牛的感激之情,就做乌米饭给牛吃。不过我觉得这种传说未必可靠,因为即便人做出了乌米饭,牛吃得还是很少,更多的则是留给人自己吃了。我小时候就很喜欢吃乌米饭,这种糯米饭很香,吃不腻,可以一直吃到走不动路为止。

当然,人们对牛的感激是不用怀疑的。那时候,我看到父亲给牛解凉,用篦子篦牛身上的毛,很认真,很仔细,最后给牛灌米酒,喂鸡蛋和乌米饭,非常恭敬,简直像敬老祖宗一样。我曾问过父亲,人为什么在四月初八这天对牛这么好?父亲说,好什么好,都是骗牛的,因为接下来就要插秧了,插秧时要大量耙田,你不哄它一点,它就懒得做活路了。初听之下,觉得父亲这话像是一种敷衍,但仔细一想,这话实在是一种朴素的真理。是啊,"哄它一点",不就是给它一个希望?或者说,不就是一种肯定和表扬?牛是否也像人一样怀着希望?或者牛是否也需要一种肯定和表扬?这恐怕不好说了。但牛显然需要人的慈悲、关怀和亲近。牛是如此,所有的动物都如此,它们其实都很需要人的怜悯。

有一年我和父亲去给牛喂乌米饭灌酒,牛吃完之后父亲摸着它的头说:"好了,过几天活路重,你展劲点。""展劲"就是"卖力"的意思。父亲的话说完,我看见牛流了泪。

对牛来说,希望是什么?

不知道。

对人来说,希望又是什么?

我们还是不知道。

鲁迅说,希望是本无所谓有,也无所谓无的。说得真好。

小满过后,开始栽秧了。

在盘村人所有的农活中,最累人的莫过于栽秧了。腰一直弯着,一天下来,人就站不直了。但是,第二天起来,你还是得下田去栽。不栽行

四月

吗？不行。四月里，天气是闷闷的，秧苗一天可以窜出老高，再不栽，秧苗就老了；秧苗一老，稻子就肯定长不好；稻子长不好，一年的收成就会大受影响。所以父亲那时常说，什么人都可以偷懒，就是农民不能偷懒，真是有道理啊。

再者，这时节，得抢雨水啊。"清明时节雨纷纷"，其实清明雨是小雨，是毛毛雨，只能打湿衣服，湿不了田的。真正的春雨要到谷雨过后，从谷雨到立夏，到小满，天空就很少放晴，雨持续下着，下得春水泛涨，下得山崩地陷，下得水田里到处是一派汪洋。这时候打田、耙田，那就算是正对季节了。但过了这季节，到了芒种入夏至，那就晚了，到那时不仅天上下雨少了，而且稻子拖到秋季才扬花，那就麻烦了。所以盘村人在小满过后，便一天也不敢耽搁和懈怠，该打田的打田，该扯秧的扯秧，该挑粪的挑粪，最后大伙一齐把秧栽下去，栽直，栽满，那才真正松一口气。

盘村的全劳力中，父亲栽秧最好，快，直，脚印窝少，好薅秧。

我见过父亲栽的秧，真是又快又直。那回，与他一同下田的还有家学、老国和哥仕他们几个。那丘田大，大伙都不敢率先破田，推来推去推到我父亲身上。父亲不说话，手里拿了一把秧苗在田埂上横竖看了几下，便下田把秧插上了，带了六行下去，埋着头，一口气栽完，秧行跟拉绳子一样直。家学、老国和哥仕几个跟着他栽，末了，大家回头来评论，都众口一词说我父亲栽得最好，说我父亲有肚才。栽秧跟肚才有什么关系？我那时一点也不明白。那时我帮忙挑秧，听到他们在夸奖我父亲，心里乐滋滋的。

栽秧的时节里，父亲每顿要喝半把斤酒。岂止父亲喝，家家户户的男女劳力都喝。喝酒解乏，可以很快恢复体力。后来我到城市里读书，听城里的经济学教授和一些政府官员议论，说农民喝酒就是偷懒，是素质低下的表现，我觉得他们实在是太不了解农民了。酒对于城里人来说可能是一

看父亲插秧，那时候感觉是一种享受

种奢侈品，但对于农民来说则是一剂消除疲劳的良药。

那时候，父亲扛着犁赶着牛去打田，我便挑着鸭笼跟随其后。我们走过弯弯的山道，踩着朝霞，最后在一处坡岭里停下来，趁父亲下田给牛架犁的时候，我回头看了看身后那些层层梯田，真美啊！水是那样柔软，风是那样滋润，水田里荡起的涟漪，既规则又变化无穷。然后太阳升起来，从山头一寸一寸往下移，雾慢慢散去，到太阳照着河谷那面的山脚的时候，父亲的田已差不多犁好了，我的鸭子也吃饱了。父亲犁出的新泥田里，有大量的水虫和蚯蚓，鸭子快活地跟在父亲的屁股后面觅食，它们说着一种亲切的语言，这语言可以驱赶父亲和牛的孤独和寂寞。

把鸭子放进田里之后，我要回家帮助母亲挑粪上山。这是很累人的活路，但不能不做。不过比起插秧来，我觉得挑粪就好多了。插秧不仅腰酸背疼，而且有蚂蟥叮人，很要命。我可以不怕累，但怕蚂蟥。蚂蟥是软体动物，靠吸盘吸人的血，我不是怕它吸我的血，而是怕它那柔软的模样，不声不响，把人的血吸了，真讨厌。蚂蟥上脚的时候，人没有感觉，当你有所感觉（比如有点痒）时，它往往已吸饱了血滚到水里去了。有些没来得及滚下去的，被我抓住，用狗尾巴草翻它的皮，丢在田埂上晒太阳，把它晒干，晒死。但据说蚂蟥是晒不死的，即便你已经把它晒成干粉了，但遇着雨水，它又能复活。难怪这水田里总有那么多的蚂蟥，原来它是晒不死的东西。热它不怕，冷它也不怕。冬天里水田结了冰，它也不死。哎，有些时候，丑陋的东西就是命大命长。民谚里说："好人命不长，祸害活千年。"人是这样，世上事物何尝不是这样？！但生命力再强，也有治它的法子。蚂蟥怕什么？怕石灰。要是蚂蟥太多，农民就要在田里撒些石灰，这样，它就活不成了。但石灰既害蚂蟥，也会害庄稼，所以石灰也不能随便撒，田里的蚂蟥依旧很多，因而我总是很怕蚂蟥。

我奇怪父亲从来不怕蚂蟥，他犁田栽秧，蚂蟥粘在他脚上，他理也不理，让它吃饱，自己滚下去。我问父亲为什么不怕蚂蟥？父亲说，怕它有

四月

哪样用？怕它要做，不怕它也要做，所以干脆不怕它，不理它，反正它也咬不死你。

话是这么说，但我还是怕。

母亲也不怕蚂蟥。盘村的人们都不怕蚂蟥，只有我怕蚂蟥。父亲说，你要怕蚂蟥，就要好好读书，将来当干部，就再不用跟蚂蟥打交道了。

我后来果然当了干部，这跟怕蚂蟥有关系吗？鬼晓得。

秧栽下田后，天气一天比一天热了。到芒种前后，天总是又闷又热。年轻人不怕水冷，便到河边洗澡冲凉，然后爬到木桥上赏月唱歌。老年人还不敢下河，便用大木盆盛热水在家里洗，洗过了，便抬一张板凳到木楼前的院坝或木楼上的廊檐里坐着乘凉。这时候，青蛙叫得热火朝天，仿佛满世界都是虫鸣蛙声。蚊虫开始多起来。人们一边说话闲扯，一边用棕叶做的拂尘驱赶蚊子。萤火虫在黑黝黝的夜空里飞翔，忽闪忽灭，划出一道道亮丽的光芒。蛐蛐儿则彻夜歌唱着，它要把盘村的夜晚叫得又热闹又幽静。河水在不远处哗哗地响，像是涨起来了，这是难免的，这季节里河水三天两头涨。不怕累的人家在天黑时候仍在河里捞浮材，我有时候也想去捞一两根木头，父亲说，不用去，那是别人的东西，不要去拿。父亲总是这样，从来不做让自己心里不安的事。

秧栽下去之后，河坝上又是另外一种景象，先前空空旷旷的坝子现在成了一片明净透亮的水田，水田上的秧子一天天青起来，慢慢就成一片绿色了。但在秧子返青之前，田坝里还是显得空阔简洁。闷热的夜晚里，泥鳅会耐不住热而窜出泥穴，来到泥土外的水底下乘凉喘气。这时候，盘村的田坝上就是一片火把的世界了。那些喜食泥鳅的人们便在夜间打着火把或电筒去照泥鳅，照见了，便直接用钳子夹。在强光下，泥鳅看不见人，人却看见了泥鳅，泥鳅于是只有活活被夹住的份儿，待一捆枞膏烧完，人们的笆篓也差不多满了。拿回家，放在木盆里泡养，让泥鳅吐净肚子里的

养鸭的老人

泥，第二天则可以用油煎了炒青辣椒，那便是盘村人平生所能吃到的上等好菜之一了。

这时节，盘村人家家户户要在秧田里放养活鱼。来卖鱼苗的是远处的人，但依然讲侗语，一样懂侗家礼节，挑一挑鱼苗走过村子，在田坝上吹起了一种简单的乐器。人们一听那乐器吹出来的小调，就知道卖鱼苗的来了。于是家家户户差人拿了一个瓷碗出门来，跟那卖鱼苗的人讨价还价，有买三毛五毛的，有买一元的，最高也不过两元。买两元的，碗里的鱼苗便很多了，差不多能使白碗变黑。人们买来鱼苗之后，立即放到自家的田里去。那时候，不管田土是否归集体，但养鱼田却一直是归个人管理的，谁养谁管，既养鱼，又关照了水田，倒也两全。

鱼苗实在很小，小到不及一颗针头，但鱼苗放入水田之中，过不了半月一月，便能见到动静，转眼之间，鱼苗便可以长到半指宽，到你薅头道秧的时候，它已经很活跃地在水底下奔跑了，不时会碰着你的脚。

又一个朝雾蒙蒙的早晨到来时，村子里再次响起了卖鱼苗人吹奏的乐器，有人推开窗子，问鱼苗咋卖？咋卖？嘴上讲不清，来看了才好说。人就下楼去了，一看，彼此都是熟悉的，也不多讲了，又买了三角五角，放入田中，算是第二班鱼。

卖鱼苗的永远是那副装束打扮：头戴斗笠，身穿对襟衣，腰套大筒裤，脚穿草鞋。说话也永远是那样轻言细语，和风满面。行头也仿佛是千年不变的，是一副祖传的担子。是祖传的才好，盘村人就认准了这行头，至于卖鱼苗的，管他是谁呢？

三爹万是个热心人，问卖鱼苗的："听你口音，你是上花地方人吧？"

卖鱼苗的回答说："是啊，你老人家听出我的口音噢。"

三爹万又说："上花的，你莫不是老德家的？"

卖鱼苗的回答说:"是啊,老德是我父亲。"

"那你父亲还好吧?"

"我父亲上前年过世了……"

"……噢……"一时惊住了。

三爹万叹一口气,心中颇感怅然。想想,又说:"难怪有好几年没见他来卖鱼苗了。"

秧栽过后,盘村的男人们都松了一口气。女人却日渐繁忙了。先是小麦要收,苞谷也要补种一些,然后是洋芋要打花蕾,烤烟也要栽下去,再是辣椒、茄子和番茄都要移栽了。所以女人们总是不分白天黑夜地忙着,忙得晕头转向,忙得直不起腰。盘村的许多妇女,到晚年来总是弯腰驼背,就是一生忙碌造成的。老辉的妈就是最明显的例证。老辉妈年轻时据说是个风流美人,但贪活路,从来不知道歇息,到四十岁上便开始驼背了。那年老辉去参军,一去六七年,回来时老辉妈的背几乎已经弯齐了地上。老辉流泪了,老辉妈流泪了,我们这些围去看热闹的大人小孩的眼睛都潮湿了。

城市人对乡村生活总有一种浪漫的想象。浪漫,应该说在乡村生活中也是存在的,但在我看来,与其说是浪漫,不如说是苦中作乐,而实质仍是一种无边无际的苦难。那时候,我每每放学回家,总能看到母亲躬耕田野的身影,她不是在田土里,就是在菜园里;不是在菜园里,就是在家里。在家里,她也一样没有过一刻的清闲。

"妈,你坐一岗吧。"有时候,我这样劝着母亲。但她说:"我有空坐就好喽弟咃。我坐,哪个来帮我做这些活路?你又还没有讨婆娘,你讨婆娘了还差不多。"

是啊,她不做谁做?其实,我讨了婆娘,她也还是要做。现在,不仅我讨了婆娘,我弟弟也讨了婆娘,可是,母亲清闲下来了吗?没有。对于城里有工作的人们来说，忙碌是阶段性的，至少退休以后就清闲了；而对于农民来说，忙碌则是终生的、永远的，伴随着他们生命的全部历程。

  这样，整个四月的时间里，盘村的人们一直是忙碌的。到芒种，苞谷要薅了，黄豆呢，也要去除草，洋芋则可以收获了；还有烤烟，不仅要薅草、追肥，而且要除虫、烧水……这些活路哪里是一天两天可以做完的呢？！

**五月栽花过端阳，新打龙船下长江。
姣是船头郎船尾，船头船尾笑昂昂。**

五月

山谷里吹起了溽热的风，端阳节到了。

这天一大早，盘村人就要到山上摘艾叶和菖蒲草，摘下来挂在家门口，据说这样做有避邪、驱瘟、祛魔、除鬼之功效。盘村人对此未必都十分相信，但古俗如此，且家家沿袭，自己也不得不跟着这样做。既是大家都这样做，且历来如此，于是这样做也似乎是理所当然、天经地义的事情了。

对盘村人来说，过端阳节并无特殊民俗仪式，无非就是亲戚间相互走动一下，晚上杀一只鸭子吃吃了事。但在百里之外的镇远古城，却要举办龙舟会。所谓龙舟会，就是举行划龙船比赛，这也是古往今来的规矩了。似乎不管是什么年代，当地的政府都支持民间百姓做这件事。这样，镇远附近的乡人们都可以在这天进城去，一来看个热闹，二来也买卖些东西。盘村人要不要去？要去。那么远，咋去？远也要去，走路去。从天麻麻亮开始，要去的年轻人就邀约一道去了，带一把雨伞，背一个小包袱，包里装几个粽子，快步走过河湾，到南明镇上天才大亮；再走两个时辰到达甫

端午节到来时，盘村人会跑到很远的镇远城去看别人划龙船

 木楼人家

头,到中午可以走陇三穗;再走三四个钟头,便到镇远了。这一天的龙舟赛就不一定能赶得上看了,但这也不要紧,这几天天天有比赛。先找一个旅馆住下来,拿出粽子吃个饱,然后再到街上走走窜窜,到第二天,还可以把龙舟赛看个够。

镇远是一个古城,也是一个很有历史的古老码头。城建在舞水边上,两岸是高高的峭壁,峭壁下便是城镇。这城里有几处建筑是很古旧且很有名的,一处青龙洞,一处天后宫。端阳节这天,这两处地方的香火都特别旺,远远近近都有人来朝拜。盘村人对名胜不感兴趣,便在临河的旅馆里看河中的水流和行舟。到中午时分,赛龙舟的船开过来了,一时间鼓声大作,两岸人群欢声雷动,盘村人也跟着有几分激动。但龙船很快驰过去了,也闹不清是哪一条船胜哪一条船负,人群闹哄哄的。盘村人看不出什么门道,便关上门,走出来到街上逛,这里瞅瞅,那里看看,不知不觉又过了一天。想想进城不过两日,但心中始终挂念着家里的农活,便觉得这时日已过去很久很久了,终于猛醒过来,跟旅店结了账,匆匆往家里赶去。

赶拢盘村时,差不多是午夜一两点钟了。家人问:"回来了?"回说:"嗯。""买了什么回来?""没有买,东西贵。"家人于是唠叨,说什么也没买,何必去那么远的地方玩呢,到后山的野猪棚里不也同样可以睡上两天么?去玩的人走路累了,也饿了,懒得说话,生火热剩饭菜吃饭,再喝二两米酒,便倒头睡下了。第二天醒来,端阳节的气息已远了、淡了。

端阳节于我的记忆,一是粽子好吃,二是大嬢到来。粽子好吃主要是我们盘江地方的糯米好,这方水土出产一种香糯,做什么粑粑都好吃。那时糯米种类很多,有红糯、白糯、黑糯,无一不香。别处糯米也香,但不软,故不及盘村的糯米可口。每年端阳节,母亲要做几大箩米的粽子,一半送人,一半留着自家吃。送人就是走客,常走的亲戚还是外婆家。也有

客人来走我家，常来的便是大孃。大孃即是我的大姑妈，早年嫁到平墓，丈夫死得早，自己拖着两个儿子过活，日子过得极清苦。后来大儿子独立成家，她与小儿子一起过，但小儿子又不幸被毒蛇咬伤，手被锯掉一只，日子更难了。大孃每次来我家，总要吃很多饭，吃很多肥肉。母亲说，她家穷，一年难得吃一次饱，让她吃吧。但是，大孃的肚子不争气，差不多每次都要拉稀，好几回，她拉在床上，自己很难过，要拿床单下河去洗，母亲说，不用不用，你留着我去洗吧。大孃便流泪了。

那时候，大孃最疼爱我。她一到家，总要把我浑身上下亲个够。我不懂事，问大孃给我带什么好吃的来了？大孃说，孃穷噢，糖买不起，给你吃粽子吧。但大孃的粽子不好吃，我不喜欢吃。母亲说，不是大孃的粽子不好吃，是你不习惯大孃她们地方的口味。

与大孃同来的我表哥阿八，只剩下了一只手，一只左手。我觉得奇怪，时时处处观察他的举动，比如他怎么夹菜吃饭，怎样拿碗，怎样做事。表哥阿八倒不怪我，让我摸他的断臂，很无奈地对我笑道：

"看，没事的，不痛了。"

"你可以写字吗？"我问。

"可以。"表哥阿八说着当场用左手写字给我看，写得还蛮好，我便很佩服他了。

大孃是哪一年去世的？我记不清了。只记得有一年端阳节大孃没来，我问父亲大孃咋不来了？父亲黯然道："大孃不在了。"怎么不在的？是病死呢？还是意外死亡？父亲没告诉我，我至今也不得而知。

大孃死后，我表哥阿八一个人过了好些年，他起先跟一位贵阳知青学照相，想靠照相谋生，但那年月私人照相被认为是搞资本主义，他便照不成。后来他又承包生产队的一辆马车搞运输，但不知咋的也没搞起来。日子便一直过得很不像样子。好几回我上学路过，看到他蹲在自家的屋门前，百无聊赖，样子十分落魄。人倒依旧热情，总是一再招呼我去家坐

坐，但若我真去时，他又犯愁了，因为他那时常常好几日无米下锅了。

又过了几年，听说表哥阿八也死了，说是病死的，肝炎病，无钱去医院，活活痛死的。好像得到这消息时我已读大学了，有一回他带信给我，说想找机会跟我上一趟贵阳，因为贵阳有他的一个好朋友，就是教他照相的那位知青，不知那位知青过得咋样，他想去看看。但他到底没有去成贵阳，而不久之后我便听到了他病逝的消息。

唉，端阳节，于我是怎样的一种忧思伤怀的记忆呢！

天热蚊子多，盘村人干脆到河边的木桥上去乘凉唱歌。那时候，盘村人在盘江河上架了一座木桥，桥上建亭，亭上盖瓦，形成一个既能避风挡雨又可遮阳纳凉的风雨桥。在夏天到来时，这桥上从来都不断人，人们一边乘凉做事一边闲聊款天。老年男子多半聚在一处摆古的摆古，下母猪棋的下母猪棋，或者静静坐着、躺着（桥廊两边设有长凳可供人躺卧休息），轻轻哼起一种既古老又苍凉的侗歌，自我陶醉，自得其乐。妇女则往往一边搓麻线纳鞋底一边说闲话，她们用侗语讲述着村上新近发生的事情或者一些刚听到的未经证实的新闻和消息，讲者讲得投入，听者也听得入迷，且不时发出阵阵叹息。年轻人则多半只迷恋于唱歌，月亮出来的时候，他们晚饭早已吃过，便带一张帕子跳入河中，待泡得全身发凉了，再擦干身子到桥上来坐。虽然有男有女，但大伙说话都很随意。来晏的人没地方坐了，还要往人群中挤，原先坐着的人就叫起来：

"喂喂喂，我又不是你婆娘，你往哪里坐？"

大伙笑起来。要挤着坐的人说：

"正因为你不是我婆娘我才要坐在你身边啰，是我婆娘我哪里还稀奇巴你。"

"巴你妈去吧，毛都还没长呢，还想巴我。"

大伙笑得更欢了。后来者不示弱，一面强行往人缝中挤，一面说：

五月

"毛没长？笑话，你拉出来看看，长得不比你头发多？"

大伙又笑。两人却好像扭打起来了，这一个扯住了那一个的裤带，那一个却死死护着。桥上的气氛顿时热闹起来。

结局当然往往是以要面子的一方大败而逃煞搁。但是，跟着不久，却又有人叫唤起来了，说：

"喂，搞你妈，你收好你的'电筒'。"

大伙立即哄笑起来。因为这"电筒"是一个"典故"，而这"典故"又是人人皆知的。据说是有一回看露天电影，一个男子站在一个妇女背后，因为挤，男人的家伙硬了起来，让妇女的屁股感觉到了，那妇女不好直接骂那男人，便说："喂，你收好你的'电筒'。"

但人群好像并没有乱，这就表明，叫唤起来的人并不是真的被"电筒"骚扰了，而是故意开个玩笑。大伙笑过之后，桥上又平静下来了。

然而，在这样的夜晚，这世界又怎么能够平静呢？桥下的流水在响，两岸的芭蕉和竹叶在风中晃动，而稻田里的蛙声和虫鸣，则简直像是在演奏着一支夏天的交响曲！

南瓜花开了，黄中带红的颜色，既鲜艳又水灵，像婴儿娇嫩的脸。它开在路边的竹篱笆上，一束阳光穿透村头的古树，从枝丫间露出来，照在碧绿的南瓜叶和鲜美的南瓜花上，看上去十分耀眼突出，仿佛造物主一种刻意的提醒：一个新的季节已悄悄来临。

这时候，盘村的上空漂浮着一层淡蓝色的烟带，山脚下坐东朝西的木楼人家还躲在阳光的阴影里，但是，在河对面的山坡上，或者河两岸的田坝里，却已是金光四溢或者霞光万道了。

到山上割牛草的人已回来了。挑草的人从木楼的后阳沟走过，可以看见草的剪影从格子窗上滑过，也可以听得见草在板壁上划过时发生的声响，还有熟悉的脚步声和咳嗽声，让屋里的主人能够很准确地判断出屋外

挑草走过的人是谁。

女主人知道是丈夫回来了,便赶紧放下手中的活路,急急忙忙地往火塘里拢柴烧火,她要炒几样菜,迅速把早饭弄出来,不然就要挨丈夫的骂了。

炒什么菜呢?细鱼虾好像还剩一点,那是日前到河边撮来的,吃得差不多了,但到这天早上好像还可以做一盘。腊肉要不要炒一点?嗯,如果没有客人就算了。酸菜可以炒辣椒,也可以做汤,当然是少不了的,这也是盘江两岸的木楼人家每家每户都能见到的日常菜肴。但还是单调。对了,女主人好像突然想起什么,迅速地立起身,迈着碎步往园子头跑,她采摘了几朵南瓜花,还有一把黄花,很快在井边洗净,带回家,炒出了一盘色香味俱全的美食。果然,丈夫吃了这道菜,褒奖了女主人。女主人当然也感到骄傲和自豪,年轻秀美的脸上流光溢彩。

早饭吃过后,男人便来到廊檐外磨他的镰刀,这是每天都要重复做的一件活路。一把刀,磨一回,只能割一次草。秧插下去之后,男人最少不得的一件活路,便是每天都要给牛割草。但割草这活路也并不轻松。既是割牛吃的草,当然就要割嫩草。什么样的草才嫩呢?当然是刚长出来的草。刚长出来的草很短,紧挨地皮,割起来难免会割着石头,割着了石头,镰刀就会钝掉,接下来就很难割了。那么,哪里的草长得嫩又较少有石头呢?那便是田埂边了。那是年年都要去割的,遇着石头,把它扔了,于是石头就少。所以很多人都喜欢到田埂边割牛草。当然,割田埂绝不仅仅是图一个石头少而已,因为田埂是必须要割的,你不割,老鼠就会来打洞生崽,吃你的庄稼,那么既割了田埂,又割了牛草,这就算一举两得了。但割田埂草有一样不好,就是难捆。草太短,捆不住;捆住了,也挑不走,一挑,"哗"一下全散了。所以割田埂很讲究功夫,一来刀要快(锋利);二来要会捏草,那不是割一把捏一把,而是割几把,只捏住几

五月

根,那活路复杂了;三来要会捆,砍一根小树条,把它扭成绳子,捆住草尖,用最大力气勒紧,就可以挑着跑了。

割草的镰刀的确要快,钝刀割什么草?钝刀割不成草。所以男人早饭后的第一件事,便是磨刀。骦骦,骦骦,男人的手在磨石上来回运动,眼睛却看着木楼下的花街石板路,原来那路上有人走过,是邻村的,男男女女一群,穿着色彩鲜艳的新衣裳,挑的挑,背的背,脚步匆匆。磨刀的男人突然想起来了,噢,今天赶场!

男人把刀在大拇指上试了试,感觉锋利了,便用水洗去刀上的磨石粉,然后插入板壁上的刀架。他走进堂屋,问在屋里忙着的女人:"你去赶场吧?"

女人说:"晓得!"

男人:"咋个……"

女人:"去是想去,想挑几个李子去,看看卖得几个盐巴钱不,但屋里活路这样大,我咋个放得心走。"

女人说的是实话,水稻虽然刚刚插下去不久,秧也还正在返青,尚无须花大力气管理,但水总是要看的,不然水干了,鱼苗被白鹤偷光了,那损失也不小。同时,在集体方面的活路,现在就有沙坝要塞,田埂要修,水利沟要挖,耽搁一天,就少八个工分,那是舍不得的。还有在私人方面的活路,苞谷要薅,黄豆和杂豆的土也要除草和追肥,红苕呢要翻藤了,还有小麦要收,洋芋要挖……哪一样活路少得了女人?

男人扭头望望窗外的李子树,是啊,这是最后一批李子了,这时节正可以卖个好价钱,不去,也是可惜的。

男人说:"去吧,我和你去,活路放它一天,不要紧的。"

于是男人开始拿箩筐去打李子。女人也赶忙去喂猪潲,壅火,接着就到里屋穿衣打扮起来。这地方上的人们,平时在家可以随便穿着,但一出门,都必然是要打扮一新的。尤其是去赶场,那就一定要穿新衣服了。

土豆当然也要收回家来

果然，待男人打下一挑李子，要回屋洗脸换衣裳时，他已看到自己的女人穿戴整齐，俨然一位新人了。男人仔细看了女人两眼，心里隐隐有些激动，但他克制住了，问："拿伞了没有？"

"拿了。"

男人于是挑着李子出了门，女人紧随其后。他们走过田坝时，遇到了同村的另外几个也去赶场的，便一路走了。

晨雾终于散尽了，太阳大了起来，明晃晃地照着大地。所有的木楼都彻底暴露在阳光底下。青青的瓦檐，簇新的板壁，廊檐上晒着的布匹和衣物，以及四面青山里盛开着的各种野花野朵，构成了盘江河谷两岸一个色彩斑斓的世界。

那时候，盘村木楼的格局大抵一致，都是依山傍河，沿坡脚而建的吊脚楼，一楼里饲养着猪、牛、羊等牲畜，二楼是堂屋和火塘间，三楼则是粮仓和客房。主人的卧室在哪里？就在火塘间的旁边，说那是主卧室，好像有些名不副实了。因为在我们的经验里，主卧室应当是力显豪华和舒适的，但这里的主卧室除了摆着主人的一铺床之外，屋子里还摆满了各种坛子、农具和杂物。坛子有腌酸菜的，有腌萝卜的，还有腌米颗、腌骨头、腌鱼、腌鸭肉，腌这样那样的，还有酒坛、米坛、油坛，这样坛那样坛，简直像个卖坛坛罐罐的摊铺。板壁上钉满了钉子，钉子上挂着各种各样的家什，衣服、斗笠、雨伞、挎包、猎枪、苞谷种、折禾刀、笆篓、腊肉，哪样东西没有！简直凌乱不堪。但是，这地方上木楼人家的主卧室，就是要这样凌乱才好，乱表示有，有则是富足的象征，没有，那才可怜。

阳光在田野里静静地照耀，强烈的光亮透过格子窗，也照到屋内来了。在平时，这里屋总是昏暗的，尤其是下雨天，屋子里的光线便微弱得几近于黑暗，但在这天气晴朗的日子里，屋内板壁上所挂着的一切，变得清晰分明。

五月

村庄实在安静极了。一只公鸡在什么地方啼叫着,好像是只刚开始学叫的小公鸡,叫得并不好,像患了感冒一样,还有几个小孩的哭闹和说话声,却像游丝一样飘浮在空中。他们在哪儿?位置并不确切,只感觉到他们存在着就是了。椿枒树的叶子由黄变绿了,树叶下的毛毛虫成排成串,它们吃完了这嫩叶,就要变成蝴蝶或者飞蛾。芭蕉的叶片是巨大的,一阵风吹来,发出一阵寂寞的声响。风停下来,芭蕉重新默默地承受太阳的曝晒。木楼前的竹林里飞来一双彩色的蜻蜓,它们忽高忽低地飞舞着、追逐着、嬉戏着,最后彼此紧紧咬住了对方的尾巴,停在了竹林下的一丛魔芋叶上,没人打搅它们。远处似有若无的人语依依更渲染了这世界的大清净与大寂寞。

当然,猪在圈里始终哼哼着,那是猪的习性,它吃食的时候要哼哼,睡着的时候也哼哼,而有人从猪圈旁走过的时候,它更要哼哼。但它的哼哼,最终也没能打破这正午的寂静,反倒增添了一种人去楼空的静谧气氛。

只有岩鹰的到来,才使这世界恢复到一种应有的实在与喧闹。

它先是在穹远的高空上盘旋着,发出一种奇怪的叫声。在人们的肉眼和神经都还远远没有注意到它的时候,一只母鸡已经凭借经验敏锐地发现了它。母鸡立即警觉起来,倒竖起全身的毛,然后急促地呼叫起来,小鸡们知道有危险,便赶紧躲到妈妈的翅膀里去了。但是,有两只小鸡没有听从妈妈的召唤,还在不远的地方玩耍。

岩鹰从天而降,它穿过竹林,迅雷不及掩耳,随着一阵慌乱的鸡飞狗跳,它准确地捕获目标,然后又迅速地腾空而去。

它打破了村庄的宁静,搅乱了一些动植物的梦。

一个少年出现在田坝上。他赤脚跑过田坎,最后穿越竹林,爬上了这家关门闭户的木楼。

许多时候,盘村显得格外安静

像往常一样，这少年径直奔入火塘间，掀开了火炕上那张饭桌的罩子。他看到桌上尚有余温的酸汤、米辣子、洋芋和小虾，立即把两个洋芋塞进嘴里，然后才慢慢转身到碗架里拿碗舀饭。他舀了一碗白米饭，再夹了一点菜，便走出堂屋，坐到廊檐的长凳上吃起饭来，边吃边观看着廊外田坝上的风景。

那时候，这少年过惯了这样无忧无虑的生活。他上无兄弟，下无姐妹，一直被年轻的父母宠爱着、宝贝着，在家里从来不做任何农事，天黑睡觉，天亮起床，起床后只管到寨上找别的同龄伙伴玩。玩累了、乏了、饿了，便回家。家中永远有他需要的食物。他知道他的父母白天在山上劳动，要到黄昏才收工回来，所以从不担心自己被遗弃，也从不发愁父母的去向。

这天，他照样早早就出门玩耍去了，并不知道父母要去赶场，若知道，他是一定缠着要跟去的。他只对两种外出有兴趣：一是走外婆家，二是去赶场。

突然，他发现了廊檐下那棵黄壳李子树的变化，他清楚地记得这棵李子树在他早晨出门时还是果实累累压满枝头的，转眼间此时只余下了一根空树枝，他一下子明白了父母今日已背着他去赶场去了，脸色顿时变得难看起来。他哭了起来，把饭碗狠狠地摔在地上。

他哭了很久，最后哭累了便干脆躺下，在廊檐的那张长木凳上睡着了。有鸡蚊子吃他的血，他全然不知。

年轻的父母在乡场的小街上来回穿梭。他们的李子卖完了，因为卖得便宜，所以也就卖得快当。他们打算在供销社里买一点煤油和食盐，同时想买一点布匹做衣服，但看了两家都不大满意，他们打算到第三家去看看。

街上人山人海，拥挤不堪。

五月

这乡场其实并不大,平时间只是一条冷冷清清的小街,但一到赶场天便人满为患。

市场是自然形成的,且自然地分成了几个区域,街头是卖猪崽的,街尾是鸡鸭市,中间几段,分别是铁匠铺、草鞋街和炭市,最中心的位置便是百货和饮食的所在了。牛羊市不在街上,而在快进入乡场的路头,隔得较远。

年轻的父母头戴小小的遮阳斗笠,但仍被太阳晒得火辣辣的。他们在一家国营布店里停下来了,柜台上有好几种适合做衣服的布,但价钱都较贵,而他们所带的钱又不多,加上还需要布票,所以一直犹疑不决,不知道该不该买。那时候机织布都需要布票,布票按人头分配,所得极少,而机织布的用途越来越多,因而人们尽量慎用。一般情况下,人们只用家织布做衣服。只要勤种勤纺勤织,这种布倒是能有余裕的。在此之前,盘江河地方的人们都是穿着这种自织土布的。那时候这乡场上还有好几家染坊,人们把织好的白布带到坊里来,染成各种需要的颜色。但不管怎样染,这布还是要脱色的,过几次水,再好的颜色也要败,这就比不得机织布保持得长久。因此,到此时人们的观念已慢慢改变了,大伙开始普遍改穿机织布衣服。

年轻的女人在犹豫。她问过了价钱,久久没有表示要买,国营的售货员已经显出了几分不耐烦。

年轻的父亲当机立断,说:"好吧,就这种,请扯八尺。"

八尺,那就刚好可以做女人的一件衣服。女人有些感动了,她回头看了看自己的丈夫,想说什么又没说出来。

售货员量好布,"嗤——"的一声撕开,扔过来,女人自己耐心地折好,放入背篼。男人把钱交了。

他们走出商店,看到街上的人流依然如潮。他们汇入其中,消失了。

那少年被一阵风吹醒，他坐起身，揉揉眼，发现太阳已经西斜。村子还是出奇的安静。

他想哭，但忍住了。他感觉身上到处痒痒，原来是被蚊子吃起了许多肿块。他一面抓痒一面移步朝屋外走去。

他走过了自己的后阳沟，身子陷在阳光的阴影里，突然觉得不知所往，脚步于是有些迟疑。

但是，他还是从竹林下的小路滑出去了。田坝在他眼前展开，那些不规则的田埂线，看上去乱七八糟。

秧鸡在什么地方一直叫个不停，喔、喔、喔、喔，年轻的父母曾告诉过他，那是秧鸡的叫声，他并不相信，因为他觉得秧鸡既然是鸡，叫声就应该和鸡一样，而眼下他听到的这声音却像是一种劳作的声响。

两只白鹤从天空飞过。它们来干什么？吃鱼？还早着呢，他想。

一块巨大的云朵挡住了太阳的光芒，它的阴影快步移过田坝。起风了，风吹皱了水田的水，荡起层层波浪，看上去又细密又规则。

就在这时，那少年突然发现了一个去处。他快速奔跑起来，冲向一处无人的碾坊。

这碾坊原是村人用来碾米和磨面的，由村上唯一的鳏夫四公看管。但是，大前年，四公死了，这碾坊也就荒废了。

少年在河边随意捡起一块有颜色的石头，在河滩巨石上写了几个字，他以前告诉人们那是字，但其实只是一种画，一种不是画的画。

画完了巨石，他又在碾坊的板壁上留下了自己的作品。

这时太阳越来越斜得厉害了，路上有人走过，那少年问："舅，你看见我爹妈了没？"

"没有。"那人说完匆匆远去了。

少年的心里开始有些不安，他真的不知道父母亲到哪里去了。在以前，父母去赶场总是要带上他的，看来他们今天不一定去赶场。但是，不去赶场又去哪里呢？那李子又是谁摘去的呢？

那带动水碾的大水车多年不用，已经不会转动了，转轴上的包铁已经生锈。

少年决定爬到大水车上去玩。他这决定是突如其来的，事先没有任何计划。他一下子就冲了过去，抓住了水车的叶轮。接着，他爬上去了。

要是这时有人从路上走过就好了。可惜没有。村子还是那样安静，太阳还是那样金黄耀眼，风吹着刚刚返青的秧田，还没能激起千重稻浪，但也同样看得见风的脚步了。

水车开始向下翻转，生锈的包铁发出了尖锐的声音。少年吓坏了，但他还来不及呼叫，就已经掉进了水轮下的水塘。

这少年天天在河边玩水，原也是会些水的，但此时不知为什么忘了水性，他根本想不到水车下的水塘居然会那么深，他一脚踏不到底，整个心就乱了。

他呛了一口水，又一口水。

他终于沉下塘去了。

年轻的父母在街上吃了碗米豆腐。那时候的米豆腐才一毛钱一碗，两毛钱他们各人吃了一碗。

吃米豆腐的时候他们想起了留在家中的孩子。以前他们上街赶场，总少不了要给孩子买一碗米豆腐吃。

女人开始抱怨男人没有把孩子带上。男人说："不来也好，来了，害我背。"

男人说得不错，以前来赶场，那孩子走一截路，就喊脚痛，要爸爸背，麻烦，磨人，男人只好背着他走。

年轻的父母放心不下家中的孩子，吃完米豆腐就开始往回走。

在太阳的光芒还残留于半坡的时候，他们赶回了盘村。但是，当他们来到村西头的水碾坊旁边时，发现那里正围着一大群人。那群人几乎一齐叫起了他们的名字，说你们快来，快来，这是你们的崽……年轻的父母立即明白发生了什么事，他们疯了一般冲向人群，抱起了那已然死去的孩子。

我永远记得那个下午的情景，那个五月里的傍晚，蜻蜓在天空中成群飞舞，青蛙在水田里叫得嘈杂烦人。村西头水碾坊旁边的地坪上聚集了差不多半村的男男女女，哭声喊声响成一片，划破长空，回荡在盘江河狭长的山谷里，凄厉、哀伤、懊悔、悲凉……

那哭着的女人是我一位堂伯父的四儿媳，我年轻美丽的四嫂彩娥。那一年，我多少岁？我记不清了，只记得因为自己是小孩，大人不准我接近那业已死去的侄儿，我终于没能最后看他一眼。

六月

**六月栽花六月六，一边栽来一边愁。
又愁天干不下雨，又愁结伴不登头。**

小暑过后，天气一天比一天热，秧苗也一天比一天青翠起来。一晃眼，禾苗就把整个水田给遮住了。原先放下去的鱼苗呢，此时也长成一指大小了，成天在秧蔸间窜来窜去。人从田埂边走过，可以听到鱼吃稻虫的声音，当然有时候也可能是青蛙的动作。那时候，盘江人不吃青蛙，青蛙多得不得了，你走过田埂，不小心就会踩着。尤其走夜路的时候，青蛙会在你面前跳个没完，咚，咚，咚，跳进水田去了。但它会在起跳时给你撒一泡尿，尿湿你的脚，凉凉的，不过还好，青蛙的尿没有毒。

青蛙跳，鱼也跳，咚咚咚，鱼确实不少。大人们说，稻田里的鱼越多越好，鱼多，虫就少，虫少，稻子就好。

这时节，盘江的庄稼人最担心的一件事，便是久旱不雨。久旱不雨，天就干了，地上的水就少了，不仅禾苗会枯死，其他农作物如玉米、小麦、高粱、烤烟等等也会枯死，不枯死也会闹虫灾。虫灾往往是和天旱联系在一起的，天越旱，虫灾就越厉害，所以大旱之年，往往也是大灾之年。

盘村人每天早上起来,一看窗外有雾,便知道又是个大热天,就叹息道:"唉,今年怕要讨饭煞搁。"意思是说,天干谷死,没办法过整年了。又说:"这样大热天,怕是要晒死人。"

果然死了人,死的是毛公。不过毛公不是晒死的,是病死的。

那时候,盘村里有几位老人,各人身怀一套绝技。雄公是做裁缝的,管一村人的衣裳;片公是打铁修锁的,管一村人的锄头、柴刀等农具;夏公是唱戏、编戏的,又会吹唢呐,负责一村人的娱乐;大洋公是鬼师,管一村人的生死。毛公呢,他是个篾匠,专编竹器的,菜篮、撮箕、笆篓、斗篷、簸箕、筛子……凡竹器用具,无一不精,无一不通。我常常奇怪这些老人一方面各怀绝技,另一方面却又不传手艺,因而死一个,手艺就少一样。现在,这种种绝活中,除了鬼师的活路还传下来一点外,其余的都各随其人带入坟墓了。

毛公是我见过的编竹器编得最好的人。他的艺高首先体现在篾上,同样一根竹子,到他手里和到别人手里就不一样,竹子到别人手里还是竹子,到他手里却是一把细篾丝。他有一把刀,是片公给他打的,锋利无比,破那竹子,哗哗哗,三下五除二,手上留下一把柔软匀称的细青篾,像机器做出来的一样。

其次当然要算他的编了。毛公编东西,可以随便起篾,顺着起,倒着起,都行。比如他编鱼篓,别人一般只能从口子处起篾,他却可以从尾巴处起篾。

他编东西是不看手上活路的,一边编,一边跟人摆古说话,讲《祖公上河》,讲《八女下江》,讲《四也传歌》,讲《姜大王》,讲得很起劲。别人光听他讲了,忘了他手上的活路,但是,他讲着讲着,便停下来了,原来手上已完成了一样东西的编织。

毛公编的东西,硬、扎实、好用。

六月

我那时极喜欢到河边撵鱼,用鱼簗撵,便叫毛公给我编了两个大鱼簗,在水塘上下各安一个,然后在水塘中用铁杆撵。鱼听到铁杆撞击石头的声音害怕,从石缝里跑出来,跑进了我的鱼簗。我就这样撵着、玩着,一天下来也可以撵到二三斤细鱼崽。

毛公给我编的鱼簗,一直用了很多年,没烂。

那时候去听毛公讲古老的故事,是我们童年的一大乐趣。

可惜毛公身体不好,他常常生病,咳嗽,吐的痰有血丝。

虽说他身体不好,他却极长寿。毛公还能给我们讲故事的时候,据说已是九十高龄了,不过那时他已不编东西了。

九十多岁的毛公,常常在他家木楼的廊檐下晒太阳,不是一般晒,是脱光了晒。

脱光了晒?这像什么话!

无所谓。

不是他一个人晒,还有他的老伴毛奶也晒。

毛奶也有八十几岁了,两人的皮肤都老得像松树皮。两人都脱光了,躺在廊檐的竹椅上晒太阳。

他们的生殖器流出一种脓水,不知道得的是什么病。

有蚊子、苍蝇、蜜蜂光顾他们那地方,飞来飞去。

我们孩子家懂什么?什么也不懂。我们偷偷跑去看,看他们那奇怪的皮肤和家伙,然后笑着跑了。

毛公死的时候,正是六月间的一个大热天,因为鬼师说要十三天后才能安葬,毛公的尸体就臭得一村人都吃不好饭,睡不好觉。

毛公的儿子阿全那时也是七十几快进八十岁的人了,什么事情也不做,天天守着毛公的棺材哭,别人说:"你哭什么哭哇,你爹这么高寿,是白喜呀,你该高兴才对呀。"

毛公是个远近闻名的篾匠

阿全流着鼻涕，泣不成声，说："他说今年板栗结得好，他想等到秋后吃板栗……"

人一听，就笑了，骂道："阿全呀阿全，我看你真是老糊涂了，你自己都吃不动板栗了，你爹还能吃得了吗？"

又说："就是你爹也还吃得动，他也不该遗憾了，一般人只活几十年，他都快满百岁了，比人家多活了几十年，他还吃得不够吗？"

这样一劝，阿全就不哭了。但他还是天天守着毛公的棺材不离开。毛公的老伴毛奶倒不哭，也不守棺材，只是偶尔从家里摸出来看看，她说："老全，你爹棺材出水了。"大伙一看，棺材底下果然出水了，但大伙也没什么办法，只管让它出。

又过几天，毛奶又说："老全，你爹的棺材出虫了。"果然，毛公的棺材有蠕虫爬出来了。但大伙还是不管它，只说："唉，这天真热。"

到第十三天，毛公终于上山了。村人把毛公埋在一片竹林里，有人就说："这下毛公该甘心了吧，这里柱子那么多，他想编什么就编什么，就是编个像山那样大的焙笼，也可以了。"

又有人说："你发神经呀，毛公编那么大的焙笼来干什么？"

有人就说："烤屁股呀，你不晓得毛公在阴间是晒不着太阳的么，毛公那东西在阳间淌水水，到阴间还不是要淌水水？他不烤干，行吗？"

大伙一听都笑了。大伙说："毛公那东西是该烤烤，但焙笼也用不着那么大，像我们平时用的那么大，就很可以了。"

这个月的初六日，又要过节了。

"六月六"，以前在我们盘村算是顶大的一个节日。所谓大，就是指它的规模大、规格高、氛围浓。这天，家家户户要杀鸡宰鸭，舂糯米打粑粑。当然粑粑打得不比春节多了，因为天热怕坏，所以只打够几天里吃的。"六月六"的粑粑和春节的粑粑最大的不同，就是春节的粑粑不包豆沙，而"六月六"的粑粑包豆沙。豆是饭豆，很香，吃热的很好吃，吃凉的也很香。

这天中午，村上要放牛打架。

这时候，就有远处的客人也赶来凑热闹。大伙站在高处的田埂上，看田坝里的两头水牯牛打斗。这些牛都是专门养的斗牛，打斗起来是不要命的，如果人不劝，牛就会打到死，所以人要劝。看看打斗得差不多了，村上的年轻男子就发一声喊，用绳子套住两头牛的后腿，拼命把它们拉开。

看完牛打架之后，就要杀牛了。但杀的不是斗牛，而是另外的牛。什么牛呢？就是那些上了年纪的，或做活路偷懒不肯做的，或脾气坏不听人调教的，或者有病的、断腿瞎眼的牛。

牛是人的朋友，大伙都怕杀牛。村上只有一个人肯杀，就是家昆。

家昆叫大伙拉住牛，然后把一块黑布蒙在牛头上，牛看不见了，家昆扬起斧头，照准牛的脑门心就是狠狠一斧头，牛跳了一下，随即就被大伙拉倒了。

牛躺倒在河里，家昆便招呼大伙剥牛皮，分牛肉。剥开牛的内脏后，家昆要当场吃一块生牛肝。人问："家昆，香不香？"

家昆说："嗯，马马虎虎。"

家昆又说："你要不要来一块试试？"

人都摇头，说不敢不敢。

牛肉被分解成几十堆，各种肉质搭配一点，放在铺着芭蕉叶的河边沙坝上，然后各家各户派人拈阄拿肉。一头牛看起来很大，但分下来就看不见什么了，每户只得到了二三斤，或者三四斤。大伙也不嫌少，都知道杀牛只不过图个气氛。

牛肉拿到家，家家户户就开始放香料炒，炒得一个村子香气弥漫。是什么东西这么香呢？原来是一种叫"山赖"的香料。这种香料是专门用来

 木楼人家

炒牛肉、羊肉和狗肉的,也有人用它炒鸭子,天哪,香死人,可以去一切膻味和腥味。

到晚上,家家户户吃牛肉,吃得人人牙缝里都有一大堆牛肉,吃完了,大伙都靠在火塘间的板壁上剔牙,大人剔,小孩也剔。有客人的人家,客人也剔。

要真有客人来,这几斤牛肉就不够吃了,还得添些别的,如鸡、鸭之类。

总之吧,"六月六"是要好好吃上一顿肉的,有钱人家吃,没钱人家也吃。其实,那时候,盘村人的日子都过得差不多,无所谓贫富,也无所谓有钱无钱。

肉吃饱了,接下来该干什么呢?

接下来什么也不干,睡觉。

但我大嬢一来,我就睡不成了。大嬢要带我到廊檐上乘凉,数天上的星星,看萤火虫漫天飞舞。

萤火虫我们叫"火亮虫"。在晴朗的夏夜里,山谷里到处飞着火亮虫,屁股一闪一闪,连成无数杂乱的光线。

我问大嬢:"大嬢,火亮虫屁股为什么会亮?"

大嬢剔着牙,笑着说:"为什么?我不知道,你问你爹吧。"

我问:"爹,火亮虫屁股为什么会亮?"

我爹说:"它屁股上有荧光嘛。"

"那什么是荧光啊?"

"什么是荧光?……嗯,你现在还小,讲来你也不知道,等你长大了,问老师吧。"

热风一阵阵吹过廊檐,我在大嬢的怀里睡着了。

六月

　　临睡前,我隐隐约约听到大孃和父亲母亲在很动情地讲一件事。一件什么事?我记不清了。

　　江边木楼上似乎有人在唱歌,而火亮虫在飞,竹叶在迎风摇摆,沙沙地响,虫在唱,青蛙在叫,而天上的星子真是亮极了,亮极了,像火亮虫一样。

　　我不知自己睡了多久,又是怎样被移到房间的床上去的。直到一声炸雷响起,我才醒过来,醒来才发现身边睡着的人是大孃。我怕雷,听到雷响便往大孃的怀里躲。大孃说,不怕,乖宝崽,下雨了,下雨了好,天干好久了,再不下雨,秧就坏完了。

　　雨越下越大,雷声也一次比一次响,闪电从格子窗上照进来,那一瞬间的强光仓促而耀眼。

　　楼板上响起了匆匆的脚步声,大概是母亲在抢收什么东西,父亲好像也在哪里叫唤着,但声音随即便平息下去了。

　　大孃和我重新睡觉,但却难再入睡了。

　　我又问大孃:"大孃,天上咋会有雷公响?咋会有火闪亮?"

　　大孃笑起来,使劲呵我肚皮,说:"哈哈,我弟儿又来考问人孃了,大孃没读过书,哪样道理都不晓得,我弟儿莫问大孃好不好?"

　　我不高兴,说:"不好。"

　　大孃又笑道:"哦,我听以前老人家讲,雷公响是弟儿吃饭爱掉落饭粒在地上,雷公看见了,他就生气了,所以他要骂人。"

　　"雷公响就是骂人?"

　　"是呀!他不仅骂人,还打人呢。"

　　"雷公打人痛吗?"

　　"痛?那不只是痛啦。你看见孔桥边的那棵黄檀树了吧,那么大的树,也被他劈死了。"

我知道村东头孔桥边的那棵黄檀树，的确是很大的树，却已经枯死了，我不知道是雷公打死的。

大孃这么一说，我害怕了，更要往大孃的怀里钻。大孃说："我弟儿莫怕，我弟儿平时乖，从不掉落饭的，对不对？"

"不对，我掉落了。"

"以前掉的雷公看不见，我弟儿以后莫掉落就好了。好了好了，睡吧睡吧。"

窗外的雨没完没了，雷声和火闪倒渐渐小下去。不多久，天就亮了。

六月间能有这样一场大雨，盘村人个个欢天喜地的。天亮后，雨渐渐小了，但仍在淅淅沥沥地下着。路上、田间、河里，到处是水，前两天干得冒烟的土地和庄稼，现在都变得湿漉漉的了，垂死的禾苗和百草也都一齐获救。

吃过早饭，大孃就赶回她家去了。母亲留她多住一天，她不肯，说活路紧，耽搁不得。母亲在她的背篓里放了几个豆沙粑粑，叫她背回去给我表哥阿八。大孃假装推辞了一下，然后很愉快地背走了，母亲还另外给她包了一点牛肉。

大孃走出门时，对门寨也有一个客人要回平墓，她们就做一路走了。

我和母亲送大孃到路头，大孃就说："转去，快转去，屋头活路多，莫送了。"

又说："弟儿，来看孃唷。"

"噢。"我甜甜地应着。

大孃又问："弟儿想大孃吧？"

母亲没立住脚，还在送大孃，便替我回大孃的话，说："想啰，想大孃啰，成天念着大孃。"

"我这宝崽乖得很，"大孃说，"可惜大孃穷，连一个糖也买不起。"

大孃说着用衣裳擦眼泪。母亲说:"你快莫这样讲,姐,你来屋就好得很了,过两年,阿八讨了婆娘,你就享福了。"

对门的人喊起来,叫大孃快一点。大孃便再次劝我和母亲立住。母亲便立住了,但彼此却不住地说着道别的话。父亲也赶来了,他站在园子头的篱笆边,看着大孃慢慢远去,始终不说一句话。

直到大孃的身影消失在村东头的山坳口,我们才怅然若失地走回家。

这时候,雨却又重新下起来了。

雨下到中午,河边便涨起了大洪水。

有一座木桥被洪水冲走了。

三爹万带着村人用绳子捆住那些还没有被冲走的木桥,绳子的一端系在岸边的大石头上。

捆桥的绳子都是用竹篾编的,很结实。

浮柴源源不断地从上游冲刷下来,许多村人拿了一把长钉钩站在岸上钩浮柴。

有些是很好的木头。

看那木头顺水漂下,来势汹汹,样子颇难对付,其实并不难。你让它从你身边浮过去,让它冲下去几步远,再用钉钩钩住,顺着它的惯性往前走一两步,木头就停住了,然后往旁边水流不太急的地方一拉,就上岸了。

三爹万很讨厌人去钩浮柴,他看到,便要骂,他希望大伙都能想着集体的事。

"就发财了?"他大声地说。

大伙都不好意思,纷纷放下手中的私活,过去帮三爹万救木桥。

在六月里还有这样大的洪水,盘村人显然思想准备不足,原本打算来

年再下放的木头,现在似乎可以考虑提前下放了。

到初八日,雨小了许多,但仍然没有停。河中的水不浑了,但也还是汹涌。三爹万跟几个队上的干部商量了一夜,决定将堆在山上的木头放到下游的龙塘去。

一村的劳力全出动了,整条河岸边前前后后都走着人,男男女女,拿着长钩,披着蓑衣,戴着斗笠,看着河中的木头随水流往下漂,看到有些木头在什么地方卡住了、不走了,便下去钩一下,"哗——"又走了。

放了两天,雨全停了,太阳出来了,河中的水迅速小了下去,但盘村人的木头也全漂到了龙塘,三爹万正在招呼村人把木头拖上岸、堆成垛。

龙塘是大河边了,几条江在这里汇合。这儿不仅通大船,而且通公路,是一处木材检尺站。

盘村人的木头经县林业站的人检尺过后,便算完成了一样活路,大伙也就高高兴兴地回家了。不管跟林业站的同志结算时能不能拿到现钱,三爹万都要请大伙打一顿平伙,好好吃上一顿肉和酒。

拖木头上岸是很累人的活路,许多人为抬那木头断了腰杆。三爹万不请大伙吃一顿是说不过去的。

说是三爹万请吃饭,其实钱是大伙的钱。但那时候,大伙很愿意把队上的钱都看成是三爹万的。

六月间的这场大洪水,救了盘村人的旱情,但也造成了许多麻烦。首先是田水翻涌外流,大量的鱼苗随水流翻到河里去了,这一损失可谓不小;其次是许多田坎被洪水冲垮,秧苗随之被冲毁或掩埋,同样损失惨重。

天晴后,三爹万赶紧带领村人修水利、补田坎,又忙活了好几天。到大暑的日子,就是月半了,天气接下来又是持续的高温,数天前汪洋的大水转眼间就挥发尽罄,禾苗的叶子重新收卷起来。

为了抢水养鱼苗，许多人吵得没法开交，有几个自恃勇武的还动了手，其中一个破了脑袋，抬回家坐了一个多月。

有人便报告了三爹万。三爹万说："活该！"

这时节最大的一项活路便莫过于薅秧了。那时候还没有除草剂，田里的杂草常常长得比禾苗还猛，薅秧便成了大活路。

薅秧有两种方法：一是用钉耙薅，这样比较轻松。另一种是用手薅，弯腰驼背，整个人全埋在稻秧里，只露出半个斗笠，这就累人了，一丘秧田薅下来，累得不想再多说一句话。

为什么不都用钉耙薅呢？因为草多，且根深叶茂，用钉耙薅不动，只好用手了。

不过那时是生产队做活路，人多，热闹，也好玩。几个人做一组，各人管几行，一边薅一边讲笑话，倒也暂时忘了累。

一个后生薅到田中间，抬头一看旁边的妇女比他还快，便说："三姐，你看你脚杆上有一条大蚂蟥。"

叫"三姐"的女人抬脚一看，没有，知道上当了，便说："你是四眼狗吧，看不清楚？"

后生笑一笑，不埋会女子了，重新埋头薅秧。薅了一阵，又喊起来："三姐，你看你胯（不念kuà，念kà）裆脚有条大鱼。"

女人知道是开她玩笑，先是不作声，忽然抓了一把草连泥带水一起扔过去，说："嗯，这是你三姐的鱼，你拿回去炒来下酒噢。"

带着泥巴的水草正好落在男人的脖子上，在田里劳作的人都一齐欢笑起来。有人说："这下有办法了，本，这下子恐怕一顿吃不完啦。"

看来那男人的名字叫本。他用手掏脖子上的草，半天弄不下来，人却还是笑笑的，并不恼。掏完了，便像是自言自语地说："三姐太爱好了，等一岗我回你点礼信。"

"礼信"就是礼品。老本的意思是"威胁"那叫"三姐"的女子,说要"报复"她。

那个叫"三姐"的女子理也不理他,只管做活路。做完了,便上田埂边坐着看那叫本的男子。

老本说:"哎哟,三姐,我才将不晓得你要坐那地方,所以屙了一泡尿,现在被太阳晒干了吧?"

三姐说:"本,你妈生你的时候没忌口吧,你看你那嘴巴比屁股还臭。"

老本说:"我嘴巴是臭一点,但我屁股倒是香的,不信我脱下来你闻闻……"

"你脱下来!你妈的掰!"

三姐大喊起来,一边喊一边就朝着老本走去。几个一道薅秧的男女也一齐起哄,叫三姐去脱老本的裤子。

老本没命似的跑了,大伙笑着说:"本,你莫跑啊。"

三姐骂的"掰",是丑话,本意指女性生殖器,不过盘江地方的人讲这字也讲得极平常,就相当于别处汉人讲话时带的话把——"妈的皮",倒也不是十分难听的。

头道秧薅完,苞谷就熟了。这时候,守野猪也是一项重要的活路。

那时候,队上在离村子有七八里远的高他塘山上,种了几坡几岭的苞谷,晚上是要派人去守的,不守就会有野猪来吃,有时候还会有猴子来掰,不过猴子要来的话是白天来,到夜晚出来的就只有野猪了。

那时候,野猪多得要命,常常是一大群一大群的。三爹万带人围了几回,只撵到几个崽,娘跑了,所以晚上要出来吃苞谷。

野猪吃苞谷是很讨厌的,它其实吃得很少,主要是咬断、练坏。它出来练一个晚上,可以把一大片苞谷练得稀巴烂。

生产队轮流派人去守,每晚两户人家。

我父亲和家章被安排在一起。父亲偷懒,派我跟家章去。

家章是大人,年龄比我父亲还大,我父母都称他"哥"。

他年轻时当过兵,参加过抗美援朝。

家章不仅人生得矮小,胆子也小,对村上的事情从来不肯出头。有一年,他在自己家门口贴了一副对联,联语是"山中草木随风倒,河边沙子顺水流",倒很符合他的性格和追求。

但他却娶了一个全村最泼辣也最壮实的女人做婆娘,这婆娘后来当了队上的妇女主任,专干捉奸拿贼的活路,大家恨她,也怕她。

家章温温和和,对人很好。他念过两年私塾,能背诵《三字经》和《千家诗》。

我们通常在下午五六点钟就开始从家出发往山上赶了,到了山上的野猪棚里,便把简易的被单铺好,然后上山砍柴。砍完柴,天就黑了。我们把火生起来,天虽然很热,但不能不生,据说山中百兽都是怕火的,它们看见火,就不来吃苞谷了。当然山中风大,四周又是深山箐林,夜晚风凉,生起火来也并不觉得太热,加之生起火来还可以驱蚊、烧苞谷,所以火是少不得的。而且这火要烧一整夜,也要不少柴,家章便找来几个大树疙瘩,足够烧了。

天黑下来后,山中也随之寂静了,只有各种草虫在唱。

月亮出来了,照得满山银辉、遍野朦胧,映衬出远处和近处一带山的剪影和轮廓。

遥远的对面山坡上,也看到有几处火光,那是另外几个小队的苞谷地,也有人在守野猪。

家章和我躺在野猪棚里,说话,摆门子,守候着漫长而无聊的夜晚时光。

稻秧在田间默默成熟

  这一片片的苞谷地,原是一带遮天蔽日的原始森林,是这年三四月间砍倒、烧掉,然后挖土新种出来的。此时的苞谷正在扬花打包,早熟一点的便可以吃了,家章问我饿不饿,饿就去砍几包苞谷来烧。那时生产队有个不成文的规定,对守野猪的人,允许烧苞谷吃,但不准带走,要能吃,你吃一箩筐也可以。

  不管我饿不饿,家章都是要砍苞谷来烧的。新苞谷砍下来,苞谷秆可以吃,像吃甘蔗一样,苞谷包自然更是可以吃,不用剥,整包丢在火塘里烧,等把苞谷包的叶子烧焦了,苞谷也就熟了,剥开来吃,那苞谷新鲜、嫩、极香。

  "你们现在读些什么书啊,弟?"有一回,家章便这样问我。我说我们读语文、算术和唱歌。

  "你们的语文课文都讲些什么?"他又问。

  我讲了几篇课文的题目,他便摇头说:"现在的学校咋个给学生讲这些呢?"

  沉默了一会,他说:"我们以前读的书,是这样的:人之初,性本善。性相近,习相远。苟不教,性乃迁。教之道,贵以专。昔孟母,择邻处。子不学,断机杼。窦燕山,有义方。教五子,名俱扬。养不教,父之过。教不严,师之惰。子不学,非所宜。幼不学,老何为。玉不琢,不成器。人不学,不知义。为人子,方少时。亲师友,习礼仪。香九龄,能温席。孝于亲,所当执……你看,很押韵,很好记的。"

  "我们的课文也有押韵的。"我兴奋地附和着他说,随即也背诵了两篇——

    我的笔,
     就是枪,
      对准走资派黑心狼,

乓乓乓,

乓乓乓,

打得他们无处藏。

一朵牵牛花,

爬上大树杈,

有花有藤没有叶,

能说会唱嗓门大,

世界大事它知道,

革命人民喜欢它。

念完了,我还问家章,后面这篇指的是什么你知道吗?

家章不说话,许久,他才说:"现在你们怎么念这些书呢?"

于是我又讨好似的对他说,我们唱歌是很好听的,不信我可以唱两首给你听。

家章还是不说话。

我正有些纳闷,他突然抬头对我说:"你唱吧。"

于是我唱了一首《天大地大不如党的恩情大》,又唱了一首《大海航行靠舵手》。

家章听了,良久,他才对我说:

"现在的歌曲不如以前的好听。"说完他给我哼了一首《跨过鸭绿江》。我听不出他的歌与我的歌有什么区别,我觉得都好听。于是他说:"其实这些歌都不如以前老人家唱的歌好听。"

我问他会不会唱以前老人家唱的歌,他说他也记不得了,只是小时候听过老人家唱,真好听。

我又问他为什么不跟老人家学唱那些歌?他说不是他不想学,是老人

木楼人家

家不肯教。他说在他小时候,这些歌已经不准唱了。

我们说着话,摆着门子,不知不觉,夜就深了,我也在疲累和困倦中悄然睡了过去。中间隐隐约约听到家章在吼野猪,还用柴刀背使劲敲着木头。我知道这是一种虚张声势的恐吓,目的是告诉野猪,这里有人,你们莫来,因此我并不醒来,仍旧迷迷糊糊睡去。

远处的山坡上,也有人在吼野猪。

那样的夜晚,真是又寂寞又宁静啊……

七月

七月栽花月半间，路头烧香敬神仙。
郎是神仙姣是鬼，神仙也怕鬼来缠。

农谚里说：七月蜂，八月蛇，九月黄鳝惹不得。这是什么意思呢？

这里的意思是说，七月间是各种蜂子繁殖的季节，其蜂娘恶，毒性大，很容易伤人，不可轻易招惹。八月和九月则分别是蛇和黄鳝的繁殖期，同样是人应敬而远之的。

农谚里说得的确不错，事实上，何止蜂子、毒蛇和黄鳝，人世间一切雌性动物在繁殖期间均表现出反常的凶恶，有很强的攻击性。这是不难理解的，凡母性，均有保护子女的天性，而为了保护后代，雌性动物表现出反常的凶狠，这就在所难免，理所当然了。别的不说，我们只看母鸡，母鸡在下蛋之前，何其温顺，下蛋之后，也还是温温顺顺，但孵蛋期间和蛋孵出来之后，情形就大不一样了，这时候的母鸡，你休想接近它，便是老鹰，也惧它几分。

七月间是蜂子产卵孵崽的季节，的确不能招惹。但人有个怪毛病，越是危险的东西越有刺激性，越刺激就越想冒险。

在七月间，盘村人要冒险吃蜂子。

木楼人家

怎么个吃法呢?

那时候,盘村村东头有几棵老麻栗树,这老麻栗树上自分泌一种树浆,大概对蜂子来说是一种美食,所以各种蜂子均来到这棵麻栗树上采集树浆。尤其有一种大马蜂,是蜂中之王,它可以在这棵麻栗树上称王称霸,把别的蜂子都赶跑,然后独享琼浆。

太阳下,树荫里,大马蜂忘情地采集树浆。盘村人用一种糊格子窗用的棉纸,搓成一个小小的圈套,悄悄地、慢慢地套在蜂腰上。大马蜂居然没有察觉。

它采集好了树浆,便要飞回老巢去了。

它一飞,腰间的白纸便显示了它所去的方向。这一招,盘村人管它叫"放蜂子"。

有时,它的巢就在附近不远,但有时它的巢却在很远很远的山坡上。

远也不怕。盘村人看准了它飞去的山,便追到那山上去,再在那山上找麻栗树"放蜂子"。放一次,离发现蜂子的巢就近了一步。最后终于发现了马蜂的窝。

马蜂窝多半是做在地底下的,前后左右均有出口,没有经验的人,以为只有一个出口,常常要上当。但是,盘村中有几个男人是专门做烧马蜂的活路的,经验极为丰富,他们白天就来观察马蜂窝的情况。马蜂毕竟不像人那么狡猾,凡是出口,它就飞出飞进。盘村人看见了,记住了,到夜间,带一大捆干稻草来,先把前后左右的出口堵住,只留一个出口,就从这出口开始挖,边挖边点稻草烧。

可怜的马蜂,可能还在做梦呢,便被一把火烧死了,不死的,翅膀烧着了,也飞不起来了。

盘村人只管放心地把几大片蜂巢拿去,里面是马蜂的蛹,又肥又大。盘村人将它们一个个拈起来,差不多有半盆,倒在锅里放油炒,炒至半熟半脆,再放点盐,舀起来,拈一个来放嘴里一咬,香死个人!

七月

盘村人就用这东西下酒待客，言谈中有一种炫耀感，说这是不容易吃到的好东西，只属于勇敢者。

从木楼的廊檐里望出去，田坝里此时是青青葱葱的一片。在早晨的浓雾中，田间的稻秧滴着露珠，太阳出来，雾散去，稻秧上的露珠晶莹透亮，耀眼炫目。

秧鸡成天在河边叫唤。白鹤也在早晨成群飞来，在黄昏时成群飞去，不知它们的窝在哪里。

此时的鱼苗已长到二三指大小了，在水田里跳得极欢，虽说涨水时跑出去不少，但还是剩下很多，人从田埂上走过，会惊动它们。

园子里的苞谷迎风摇摆；各种豆荚、青菜长得蓬勃茂盛；韭菜割过好几回了，现在又重新长出，一样的青青幽幽；青麻也割过一道了，而重新长出的嫩枝又差不多长到齐膝高。

红苕呢，也长势喜人了，而且已经翻过藤了。

葵花种得不多，但已结了朵，终日追着太阳转。

烤烟摘了第一批叶子，正在烤房里烘烤呢。……

所有这些活路都离不开女人啊。这时节她们真是忙得够呛，从天亮到天黑，没有歇息过一刻。

到晚间回家，人像散了架，一点不想动了，但是，猪还没喂，晚饭还没做，不动不行啊。

男人轻松吗？男人也不轻松。早晨要割牛草割漆，白天要薅秧——这是薅二道秧了。不过比起女人来，男人还是轻松一点，就是黄昏时进家，也可以不去管那些琐碎的家务事，而是趁天未黑尽女人正在生火做饭之际，提一条毛巾到河边泡着，一直泡到全身发凉了，才回家，到家正好赶上吃晚饭。

这时候，男人把枞膏点燃，加亮，再到卧室里舀一碗米酒出来，就着女人炒出的辣子慢嚼细品，那感觉颇有几分自在了。

翻红薯藤也是一项很重要的活路

木楼人家

"你也喝一口吧。"男人把酒递给女人,说道。

女人倒也不客气,接过,饮了一大口。男人说:"你妈的,喝得比我快多。"

女人笑起来,说:"你又叫我喝……"在我们盘江河谷地方,女人是普遍能饮的,有些女人的酒量比男人还高。

男人不说话了,把余下的喝干,把碗交给正在埋头吃饭的小孩,说:"毛毛,去帮爹打酒来。"

小男孩很愉快地接了碗,跑进里屋,很快便端了酒出来。

女人吃过饭,将家中活路收拾停当,同样要到河边去泡泡。

有月亮的夜晚,能从很远的地方看见她们白白的身子。

但从来没有男人敢走到她们中间去,偶尔有个别泼皮挨过去,也只能躲在暗处饱一下眼福,声气却是不敢出的,要是被女人发现,这男人不被剥皮,至少也要被打个半死。

但过路的看见,倒无所谓了,依旧打着招呼,像平时路上遇着一样:"解凉呀,妹?"

"噢,是呀四哥,你这成间才转屋呀,你去屋坐咦,老六在家呐。"

"噢,改天来,改天来……"

脚步远了。

一切又重新复原。青蛙在叫,草虫在唱,火亮虫在飞,芭蕉叶和竹叶在动,河边的人在河边把水弄得哗哗直响……

日子虽说在初二便交了秋了,但天气依旧是热得不得了,人刚刚从河边里出来,可走到家,又一身汗了。

男人喝了一点酒,早躺下打鼾入梦了。女人因为在河边和同伴讲了些逗趣取乐的荤话,心上有些激动,也有些想法,但又不好摇醒男人,只好

故意把什么东西弄掉在楼板上。

男人终于醒了。

星子在格子窗外闪烁。

木楼人家的木板床声音很响。

有走夜路的人从楼下走过,听到屋子里的声音奇异,不比平常,便立在窗下静静听了一会,越听便越觉得身体不自在了,只好在心里骂一会娘,悄悄走开了。

有一个故事在盘江河谷一带广为流传。故事说,某家三口,男人、女人和一个孩子,家贫,修不起大房子,只得共挤在一间破房里,男人和女人要做男女之事,只能等到孩子入睡之后。

有一回男人问睡着的孩子:"阿毛,阿毛,你今天砍了几扛柴?"

阿毛没有答应。

男人以为孩子睡着了,便动作起来。不想正在忙乎之际,孩子却回道:"三扛!"

七月半,过鬼节。

别处过鬼节是咋过的?不知道。盘村人则是敬土地、放本。敬土地就是拿酒肉、糖果、米饭之类到土地庙去敬祭。那时候,盘村到处是土地庙,大约有二十处。不过这里的土地庙是没有"庙"的,就是随便用两三块砖头或石头砌成一个门的样子,上面搭一块红布,就是土地庙了。也有一两处颇具规模的,也只是用木头修了一个小房子,样子是像庙了,但连一个篮子也放不进去,还是没有庙的规模,所以大伙只把这种小土地庙称之为"土地公"。这倒成了盘村土地崇拜的一大特色了。

土地敬过,到夜间,还要放本。"放本"是什么意思?放本就是走阴的意思。"本"是灵魂,放本就是把人的灵魂放到阴间去,与死去的祖先相会。

这是很有意思的一项民俗活动。

这天晚上,家家户户烧过香纸、吃过晚饭了,便集中到某一户人家,由一鬼师作法,使人坐于一条长凳上如骑马,鬼师反复焚香念经,坐于木凳上的人则渐渐入迷,进入半梦半醒状态,鬼师不停地催其打马前进。不多时,走阴之人果然策马而行了,只见他全身颤动,不断用双手拍打膝盖,然后口中不停地报告已走到某处某处了。走到有土地庙的地方,鬼师便要烧纸焚香,被放本的人的灵魂方能通行。

这样,一直走啊走啊,终于走到了埋葬其先人的地方。先人出迎,两人抱头痛哭,彼此诉说思念对方的话语,说到哀切处,在场者无不流泪。

放本,从本质上讲,就是完成一次灵魂的相聚,其巨大的魅力也正在这里。

那年,我看见过一次放本活动,主持人是年轻的鬼师阿汉,走阴者是泼皮老忠。老忠妈死得早,他想去看他妈。

先时老忠一直坐在长凳上,毫无动静,任由鬼师阿汉怎样启发,老忠依旧无动于衷。

正在大伙有些泄气失望中,老忠的身体突然动起来了,既而全身颤抖,阿汉说:"走,你打马走。"

老忠于是猛拍双膝,说:"这是哪里?咋这么黑,马看不见路。"

阿汉说:"对了,这是阴阳界,这是最黑的地方,你打马走吧,过去就好了。"

老忠于是打马而行,果然,他说,现在看到亮了,而且风景很美,到处桃花灿烂。

七月间哪里还会有桃花呢?阿汉说,阴间都是这样,阴间不冷不热,一年四季开桃花。

老忠突然说:"马不走了,土地公出来要钱了。"

阿汉赶紧一边烧香燃纸,一边解释说老忠现在到某处了,以前那里的确有一处土地庙，现在荒废了，大伙不知道而已。

众人惊奇不已，以为灵异。

老忠不停地拍打双膝，用力极猛，以至红肿充血了。阿汉对众人说："老忠现在是不会觉得痛的，要到醒来才会痛。"

老忠终于见到了母亲，母子二人抱头痛哭。老忠一面双泪长流，悲声不绝，一面继续保持全身战栗之态。

老忠描述着他妈妈的样子，与其活着之时无异。而老忠妈死时，老忠才三四岁，二十多年过去了，老忠怎么可能记得这么清楚呢？

众人皆惊奇不已。

阿汉说："好了好了，老忠，转来吧。"

但老忠并不想转回。老忠辞别了母亲，便信马由缰到处乱走，老忠说，这地方风景真好哇。

阿汉说："老忠你莫要到处乱跑，你要进了桃源洞，你就转不回了。"

老忠说："我就是想去桃源洞。"

又说："哎呀，有两个姑娘，真漂亮呀！"

阿汉说："坏了，这报应崽，果然到桃源洞了。"

传说桃源洞是未结婚的青年男女死去后所居之地，他们在那里成天唱歌，过着无忧无虑的生活，而且个个年轻貌美，人人可以随意自由性爱，是一个无阶级差别、无社会歧视的美好天堂。

老忠那时二十啷当岁，又因家贫一直讨不起婆娘，当然很想去看一看这样一处地方。

老忠说，那两位姑娘给他唱歌了，他得想办法还她们一首歌才行。

老忠说到这里，大伙便笑了起来，因为大伙知道老忠平时从来不唱歌。但这时老忠却唱了起来——

初来连，

木楼人家

翻坡架岭来开田。
翻坡架岭来开路,
开条大路进花园。

老忠唱罢,所有在场人都拍起了巴掌。从不唱歌的老忠居然唱起了情歌,而且唱得如此之好,人们不由既惊讶好奇,同时也为首次发现老忠原来是个唱歌的天才而兴奋莫名。

老忠接着又唱起来——

阳雀喜爱青山岭,
牛羊喜爱嫩草坪。
蜜蜂爱花鱼爱水,
少年十八人爱人。

人们再次拍掌称奇。阿汉说,这不奇怪,任何人,只要到了桃源洞,都会唱歌,在阳间不会唱歌的人,在那里也自然会唱。

老忠一直玩了很久,他说那两个姑娘一直引他进了第八重门。阿汉有些着急了,赶紧画了一只老虎贴在老忠坐着的板凳下,老忠便说,哎呀,有老虎,立马不肯走了,于是返回。

传说桃源洞共有十二重门,风景一层比一层漂亮,人的灵魂若进了十二重门,那就没办法再叫回来了。

传说从前有一对男女,自小相恋,恩爱无比,但长大后父母不让其成婚,女子嫁人后不久即忧郁而亡。男子日夜思恋,遂以放本形式进入桃源洞寻找所爱,一直找到十二重门,终于与所爱女子相晤,男子灵魂却不能还阳了,整个人终日在板凳上跳,最后跳得只剩一根骨头了,还在跳。

幸好老忠只到了第八重门,否则再往前走,就回不来了。

老忠醒来后，大家问他是否记得刚才所见的景象。老忠说，记不得了，就好像做了一个梦。

我从未见过我爷爷，我爷爷去世时，我父亲才十二岁，我自然是无从见过我爷爷。

有一年村人放本，我也去坐了一回。但不管鬼师如何启发，我的马就是不走。不仅不走，而且我的头脑始终清醒着，我的灵魂便没法穿越阴阳界。

鬼师说我阳气重，去不成。

我为此遗憾不已。

半月之后，季节进入处暑。

这时节，常有电影队下乡来放电影。放什么电影？不知道。其实放什么电影并不重要，重要的是去看电影。事实上，无论电影队放什么电影我们都看，而且连看多场，百看不厌。

电影队要来盘村的消息很早就传过来了，因为电影队每到一村放映，都要交代次日的去向，以便那村着人来抬放映机。

在下午太阳落山时，盘村有八位年轻小伙把放映机抬进村来了。他们大汗淋漓，累得够呛，这也难怪，光一台发电机就够他们抬的了，何况还有其他很多行头。同行的两位放映员却只管甩手甩脚走空路，但走下半圭湾，有八九里山路，对他们城里人来说，也同样够呛。

到了盘村，两人被三爹万接到家里休息、吃饭。

天尚未黑尽，小学操场里早已是人声鼎沸，满场桌椅板凳了。最高兴的当然是孩子，简直兴奋无比，在场内外追来跑去的。

邻近村寨的男男女女也陆续到来，大伙手里拿着枞膏和马灯。人是明显地经过一番精心打扮了，衣服都是新的，头发也梳过了。看看电影还未

薅棉花

开始,甚至幕布也还没有挂出来,便在村口一排大树脚下歇下来。

"大姐,来看电影呀?"

几个小后生,就这样对着树脚下的几个姑娘喊起来了。也许先前他们是认识的,也许并不认识。不过,都不要紧,在我们盘江,认识和不认识的人都是可以打招呼的,在青年男女方面,这种招呼就更自然了。

"是呀哥,你们也来看电影呀?"

就这样,把话先搭上了,然后你一言我一语地说起来。不过这里所说的话,可不同于平常所说的话。这种话叫"白话",就是一种有韵的念白,是很有考究的,须专门学习。那时候的男女青年一般长到十二三岁便开始学讲这种白话和学习唱歌,平时没事时便在家里练习讲、唱,自以为记得差不多了,就跟着有经验的大哥大姐到"花园"里去接受实践的检验。

那问话的后生年纪看来是小些,但胆子已不小了,他念起来:

(白)
云会雨,
雪会风,
韭菜会青葱,
孔雀会凤凰,
鲤鱼会金龙。
有缘千里来相会,
无缘对面不相逢。

(唱)
初相会,
手摘木叶垫花园,
凉月唱歌说细话,

口不吃饭心也甜。

那几个女子也立即做了答复——

（白）
江会河，
马会鞍，
百鸟会青山，
蜂子会芍药，
蝴蝶会牡丹。
早知花山有好伴。
讨米问路早来玩。

（唱）
初来行，
手摘木叶垫草坪。
扯郎衣角一同坐，
谈情说爱迷死人。

男方几个再接上——

（白）
姐是人乖见事多，
弟是愚人初来学，
姐你聪明，
嘴皮薄薄，

会讲会说，

说得良立（蝉）怕开口，

说得鹦鹉怕唱歌，

说得干鱼开眼，

说得螺蛳伸脚。

为弟貌丑人呆，

搭伴不上，

望姐拉弟一把手，

姐你情意忘不着。

（唱）

好个月亮好个天，

好朵鲜花在花园，

好个凤凰在高岭，

好个情姐在眼前。

女方再答——

（白）

乖口画眉，

住在竹岭，

好看锦鸡，

住在山岗，

聪明情伴，

出在哥乡，

唱歌中听，

说话在行，
嘴上好口才，
肚内好文章。
哥是后园十月姜，
一里抽薹十里香。

（唱）
聪明郎，
脸模团圆像月亮。
哪个爹娘生长你，
生来凡间爱死良。

"良"，即"良人"，又称"同良"。这词估计来源于古汉语，古代以"良人"指称丈夫，又以"良民"指称一般平民，这大概可以说明侗族对汉文化的接受和传承现象。

像这样，双方一唱一答，时间便很快流逝了，发电机响了起来，彼此才依依不舍地暂时分手了。分手前，则约定了下次见面唱歌的地点和日子，才双双心满意足地向操场这边走过来。

但到操场一看，电影还是没有开映。电灯倒是亮了，放映机也架起来了，却见放映员不停地在对焦距，那束光不是大就是小，光亮照在人的脸上，引来人们阵阵愉快的笑声。有些调皮的小孩用手对着光在银幕上表演各种动物剪影，更引来人群的欢笑。

发电机一直在响，放映机也好像装好了，现在就只等三爹万来讲话了，但他老人家却迟迟不来。小孩子们早已忍耐不住，不停地尖声叫喊着"放电影！放电影！"但是三爹万不来讲几句，放映员是不敢放电影的。

 木楼人家

天上是满天的星斗，月亮还没有出来。江岸两面的山坡轮廓隐隐约约，山影朦胧。远处近处里的木楼人家的灯光时隐时现，闪烁明灭。人们源源不断向操场涌来。

三爹万姗姗来迟，但终于还是出现了。

他拿起麦克风，使劲拍了几下，喇叭里立即响起了他的声音："有没有？有声音？好。"

他咳了咳嗽，清了清嗓子。

"广大社员同志们！最高指示！安民告示！毛主教导我们：千万不要忘记阶级斗争！……"

一串语录念过，他开始讲正事了。他先讲最近几天的农事安排，然后讲了村子里最近发生的几件事。他讲得太仔细了、太长了，许多年轻人开始高声起哄。他不管，继续讲。当他讲到最后一个问题——安全防火问题时，人们拍起了巴掌，人们当然不是在称赞他讲得好，而是庆幸他终于快要结束讲话了，接下来可以看电影了。

一颗五角星出现在银幕上，金光闪闪，喇叭里随即响起了那熟悉的旋律——《中国人民解放军进行曲》，我们盼望已久的电影终于开映了。

在我的印象中，父亲从来不看电影，他也是我们盘村唯一不看电影的人。他为什么不看电影呢？不知道。他不看电影干些什么？喝酒，睡觉。但他的睡觉不是真的睡觉，是躺在床上看书。父亲有一种理论，认为电影都是骗人的，而书上讲的东西才是真的。这大概是他反对看电影的理由之一吧。不过我们去看电影，他倒获得了难得的清净。

父亲算得上当地有名的知识分子。虽然只念到初中，而且还没毕业，但凭借天资聪颖和后天的勤奋，他对当地的乡村文化有着相当透彻的把握，加上他后来学巫习法，成为名师，在处理当地乡村文化礼俗方面自然更加得心应手。我们去看电影后，父亲便独自饮一会儿酒，饮得差不多

了,便点起马灯躺在床上看书念经。有几回电影散了,我们以为他已经睡着了,一回家就吵吵嚷嚷,还要架锅煮茶、吃夜宵,就听见父亲在屋子里喊:"吵什么你们!唉!"

我们的声音便立即小下来了。母亲说:"他在看书,你们讲话小声点。"

唉,如今想来,那些夜晚,多么遥远,多么令人怀念啊!

日子一天一天如沙漏流逝。到七月底,稻秧薅过第三道,夏天便过去了,但天气还是燠热。

每日里天总是又蓝又高,太阳日复一日当头照耀。无论是在村子里,还是在山坡上,蝉虫总是不停地唱。"热死哟!热死哟!热死!热死!热细——"这是一种常见的知了,常在李子树上叫。这种知了反应慢,有点笨,又多,很容易被抓到。有时它叫着叫着突然就"嗤"的一声不叫了,原来它只顾忘情地叫,没料到被螳螂抓住了。

我们管这种知了叫"四季哟"。

还有一种蝉,常在杨梅树上叫,而且也只在杨梅树结果和成熟的季节叫,我们管它叫"杨梅蝉"。它的叫声是这样的——

"郎郎郎郎郎勒——郎郎郎郎郎勒——"

据这叫声,我们又叫它"郎勒"(或写作"良立")。

"郎勒"喜欢在箐山里叫,叫得满山幽幽的,又热闹,又寂寞。那时候,盘村的山又大又深,昏暗怕人,一个人到箐山里去扛柴、打猪菜或做什么事,难免感到害怕,但若听到了"郎勒"的叫声,胆子好像又大些了,仿佛这蝉鸣是极亲切的人类的声音。

整个夏天里,这"郎勒"和"四季哟"就一直这么热热闹闹地叫着,尤其在天近黄昏时,这"郎勒"便叫得更加展劲。我常常感到,这世界因他们的存在而多了几分热闹,也多了几分感伤。

当蝉声渐渐零落时,夏天就真的结束了。

看田水的男人

八月栽花过中秋,同去江边望月出。
月圆月缺年年有,俩我结伴不知何日才登头。

八月

八月从气候来讲是暧昧的季节,从时令来讲则是收获的季节。

首先要收的当然是苞谷,这时节,漫山遍野的苞谷成熟了,生产队开始收苞谷,人多干起活来也快。各人背了一个背篼,只管把苞谷掰下来,掰满一背篼,背来装入箩筐,再去掰,直至两只箩筐装满。动作快的便可以坐下来吃"广"。"广"是侗语,就是苞谷秆的意思。在大人们收苞谷的时候,有些小孩也跟着去收"广",一大捆一大捆地往家里搬。搬来干什么?搬来吃。那时候乡村里的孩子难得吃到糖,这"广"便成了他们的"糖"。

接着便要收小米和高粱了,小米是要摘的,用摘禾刀摘,像摘糯米一样,一根一根摘,然后捆成把,挑回来,晾在禾架上,或放在瓦檐上晒,或干脆摆在晒坪上,晒干,再移至仓库,收藏起来。

高粱则是用镰刀割的,也是捆成把,挑回家,放在瓦檐上,或地坪上,晾晒风干。高粱秆也是可以吃的,但不及苞谷秆水分多,盘村人很少砍高粱秆吃糖。

这是一个收获的季节

再就是红苕,一些种得早的,也可以挖了。黄豆当然还没成熟,但已经结籽了,嫩嫩的豆籽剥来炒菜,和鸭子一起炒,或单独煮来吃,味道都是很美的。

这季节,倒真是不错。

说是收获的季节,但其实并不算太忙,苞谷、小米和高粱收过,余下来还有不少日子是可以干一些私活的,比如运木头、解板子,或者下河摸鱼、翻螃蟹,总觉得这日子里还有一份余裕和清闲。

记得有一年我和父亲及庚爹老念去架王山砍木头解板子,深山箐林中那美丽的风景和愉快的劳动至今仍记忆犹新,历历在目。

"庚爹"就是父亲的朋友,在别处叫"打同年",我们盘江叫"打老庚"。从字面意义上讲,同年和同庚都是一样的,就是年岁相同,结拜为兄弟朋友。但在我们盘江,"打老庚"却并不限于年龄相同,年龄相差许多,也是可以"打老庚"的,而且也不一定需要什么结拜仪式,反正互认情谊,彼此经常往来就是了。

老念是我父亲的小学同学,家住公社附近的宰美村。"宰美"显然是侗语的音译,"宰"即xaix,"寨"之意,"美"者,meix也,"树"之意,这地方的侗语原意为"树村",大约原先这村子为一片树林。现在的地图上,在我老家一带常见一些"宰××"或"栽××"的地名,多半是侗语的音译,就是"××寨"的意思。

宰美村那时已不见一棵像样的树木,庚爹老念常常来帮我父亲做一些木匠活路,尤其是解板子活路,然后他可以分一半板子带回去,装修他的房子。

老念在当地是个很有名的木匠,手很巧,一大栋木房子,他不用设计,也不用画图纸,就能营造起来。他还会唱《上梁歌》,当地很多人立新房子都是请他去主持上宝梁仪式的。他长一脸络腮胡,模样看起来粗糙，但其实并不凶恶，性情更是温温和和，倒有几分像妇女。

他很勤劳，干起活来很认真，跟我父亲的性子很接近，所以他们很合得来。

那时候，架王山还是一片人迹罕至的莽莽森林，有猴子，据说妇女不敢单独进山，怕被猴子非礼。

架王山脚下流淌着一条小溪，是盘江河上游的一条支流。我们沿溪谷逆流而上，高高的山峰和茂密的森林挡住了天上的太阳，谷底溪流里的光线十分昏暗。

峡谷两边的山坡上，尽是参天古树，尤以榉木和黄檀树居多。榉木和黄檀，后来成为城市里价格昂贵的珍稀木料，但那时在我们盘村却只是一种极普通的树木而已，我们不仅任意砍伐，而且也任意处置，因为觉得材质较硬，所以多半用来烧炭，或者用来做猪圈牛圈，用得很烂贱。但到二十世纪八九十年代有人来到盘村大量收购榉木和黄檀时，整个盘村的地面上，这些树木已所剩无几了。

父亲和老念在溪边一处平地上停了下来，那里有他们原先砍下的木头，他们将要在那里把木头解成板子，然后把板子扛回家。因为木头太大，扛不动，所以只能解成板子运回去。

因为离家有点远，他们包饭去。他们把饭包挂在架设于水塘中间的树杈上，免得招来蚂蚁。

他们在木堆上吸烟，休息了一会儿，然后开始干活。锯子拿起来，铸几下，便在木头上拉起来了。

拉锯的声音在山谷里回荡。

我呢，百无聊赖，便在溪边玩水。因为在溪水中发现了"岔棒"的蛋，我顺藤摸瓜抓到了几只又大又黄的"岔棒"。"岔棒"我不知道它在动物学上准确的学名叫什么，只知道它是一种两栖蛙类，形似蟾蜍，在别处也叫"食棒（石蚌）"。现在这种东西在城市大宾馆酒楼的餐桌上，就

 木楼人家

已经不是一般的名贵了。有一次我回家路过凯里,一位朋友请我吃饭,吃的就是这种"岔棒",大概还不到五只吧,不超过两斤,做成一锅汤,七百元!我当时惊讶得不得了。

现在架王山还有猴子吗?

没有了。

还有"岔棒"吗?

也没有了。

那些树呢?

更没有了。

现在的架王山,到处是光秃秃的荒山和裸露的沙石,那条原本清清亮亮的小溪,也近于干枯了。

白露过后,秋天的气息便越来越浓厚了。先是梨子成熟了,树叶飘落下来,露出了满树的果实和枝丫;柿子也由青变黄;接着板栗也熟了。那时候,板栗也是满坡满岭地生长着的,有大板栗,有小板栗,还有猴栗、丝栗和锥栗。

架王山上,成天有人在捡板栗。一背篼一背篼往家里背。

捡那么多板栗干什么用呢?

捡板栗去卖。

赶场天,把捡来的板栗背到乡场上去,用竹筒子量,二分钱一筒。一筒有多少斤两?有二三两、三四两的样子。街上人家不易吃到板栗,买来吃着玩,像嗑葵花籽,那时候,葵花籽也只是二分钱一筒。

我永远忘不了那年秋天去架王山捡丝栗的情景。那天差不多到响午了,我独自一人背一个小背篼往架王山的深沟里走去,因为是常走的路,我胆子也有些大,不怕,便一直往沟里走。我知道在岔沟大水塘边,有一

棵很大的丝栗树，便径直奔那大丝栗树而去。但走到岔沟大水塘边，我突然立住了。我看见一老一少两个女人在沟里洗澡。我呆住了，不知道是该继续往前走呢还是往回退。家乡人迷信的说法，在路上看见女人的裸体是不吉利的，若看见男女在山上交合，则更晦气，那样的话，做坏事的人是要给看见的人挂红赔礼的。

我决定退回去，装着没有看见。

但是已经来不及了，她们发现了我，随即惊叫起来。但看我背后并无成人，她们略略镇定了些。那年长的女子说："弟，只你一个人？"

她的意思是问我后面有没有大人。我低着头，轻轻"嗯"了一声。

她们放心了，爬出水塘到岸边穿衣服。这时候，她们完全不害怕了，一边麻利地穿着衣服，一边快活地笑着。

我一直转过脸不去看她们，但一颗心还是咚咚直跳。我那时年纪还小，突然在这深山箐林中看到这活鲜鲜的陌生女人的身体，还是第一次。我尽量克制着自己的羞涩、懊悔和不安，耐心等她们穿好衣服，然后壮着胆子低头从她们身边走过。

在她们站着的石头旁边，放着两背篼满满的丝栗。原来她们也是来捡丝栗的。她们自己说着侗语，看来是这山背后一个叫高屯的小村的。但不知她们是姐妹俩呢？还是母女俩？

我走过去了。背后传来她们窃窃的笑声。

其实我并没有看清她们的身体，甚至也没有看清她们的脸面。但是，多少年来，我心中一直不能忘怀她们的影像。虽然在那时或那之后的许多年月里，我都不明白那一瞬间到底发生了什么，但我已朦朦胧胧地意识到了那是天地间的一种大美，而且只有她们光芒闪烁的肌肤才配得上故乡秋天的山光水色。

当然，另外的一种情形，也许就更加惊心动魄了。

 木楼人家

那年，老开的婆娘去偷生产队的苞谷，被我堂哥老利发现了，老开的婆娘跪下来求老利不要告发她。我堂哥老利是个色鬼，几年前因调戏我的一位远房嫂嫂被生产队斗得死去活来，这时他仍未吸取教训，他对老开的婆娘说："我不告你，我为什么要去告你？我告你一点好处也没有。"他一边说就一边去脱老开婆娘的裤子。

老开婆娘没办法，随他脱。

他们踩坏了一大片苞谷地。

老开婆娘有把柄被我堂哥老利捏着，他们一直相好了近两年时间。故乡大自然中坡坡岭岭，山山水水，每一处风景秀美的地方，都是他们约会的地点，也都是他们宣泄生命激情的地方。

后来，这事被老开发现，老开把他婆娘打得半死，并扬言要杀死我堂哥老利，但也只是说说而已，因为论打架，老开自知不是老利的对手。

几年前，我堂哥老利带一个陌生女人到贵阳来找我，我并没问他那女人是谁，他却主动告诉我那是他做生意的合伙人，他们一起做木材生意，我没说什么。

过了不到半年，我堂哥老利给我来信，说那女的是个骗子，骗去了他八千余元，我堂哥要向公安局举报，叫我帮他做证明。

我能证明什么呢？我回信对堂哥老利说，其实那女人长得不错，如果你找到她，干脆跟她结婚也许更划算。

我堂哥老利再没给我写信。

如果说乡村广袤的土地和无边无际的山林为那些追求爱情的人们提供了无限自由的性爱空间，那就多半是出于城里人不切实际的幻想了。事实上，乡间的山水虽然美丽，空间也尽管辽阔，但绝对不存在一种滥交现象，而像我堂哥老利这样的人也极其稀少。总体来看，木楼人家的家庭和婚姻都是非常稳定的，在这里，你很难发现所谓的不忠或者乱淫

现象。

但是，在八月秋日的阳光里，在阴凉的松树林间，软软的树叶堆积，热烈的情歌逗引，一些男女青年却总难免做出一些越轨事情。那一年，河边寨的老来逗引老元的婆娘到圭马坡上去唱歌，情到浓时，两人就抱着在枞树林间打滚，被正在附近打猪菜的老国妈看见，老国妈便一面吐口水骂，一面嚷着要他们挂红赔礼。礼后来没有赔，但事情败露了，老来被老元带人打成了个半残废，一只手至今拿不起东西。

人问老来："老来，天底下姑娘多多，要漂亮的有漂亮的，要贤惠的有贤惠的，你咋看上老元那骚婆娘呢？"

的确，老元的老婆既不算漂亮，也没什么特别的魅力，要说有一点与别人不同，那就是十分风骚而已。

老来说："那地方好，树叶太好。"

"树叶太好！"这是什么意思？你老来搞人家婆娘，跟树叶有什么关系？

但后来人们想通了，老来说的是真话。像在圭马坡那样的地方，山清水秀，又远离村庄，总以为天地间除了自己以外，不会再有别人，风吹起，树影婆娑，人是难免会心猿意马想入非非的，要是身边再有个风骚的婆娘跟你唱歌，不出事才怪。

到八月十五中秋节，出事的就更多了。

中秋节在别处有别处的过法，在我们盘江有我们盘江地方的过法。别处要赏月啦，吃月饼啦，写诗词啦之类；我们盘江地方的人则在这一天大偷特偷，而在这一天里偷任何东西，主人都是不能责骂的。所以中秋节，在我们盘江其实可叫"偷节"。

偷东西不是到家里去偷，而是到山上去偷。偷什么呢？其实山上也没什么贵重值钱的东西，无非黄豆、南瓜、鱼之类。

中秋节到来时，孩子对成人世界充满了巨大的好奇心

八月

这天晚上，月亮出来，遍地银辉，盘江那些平时唱歌有了感情的男女青年，这时就要邀约到山坡上去，偷别人的黄豆和南瓜煮来吃，偷别人的鱼烧来吃，边吃边唱歌说话，唱到后半夜，难免就要干好事。

不过，既然这种事在那时是一种风俗，是人人必经的历程，便也无可厚非，且人皆以为是一件美好的事情了。

当然那时的所谓"偷"，其实是象征性的，偷黄豆，不过一把两把；偷南瓜，不过一小个；偷鱼，不过几小条。被偷的人家，有什么可恼的？没有。便是请人到家来吃，也不止消费这一点点。据说在中秋之夜，有庄稼在山上的人家，要被别人偷去一点才好，若一点不被偷，这是别人嫌弃的标志，是很没面子的。

我在故乡盘村待到十七岁，从未经历过那种唱歌偷东西的快乐，原因是我一直在学校读书，差不多与当地的社会脱离了。但我一直很渴望有那么一次经历。有一年便跟了我的一位堂哥去，他骗我说月亮出来的时候，山上到处是姑娘，可以随便邀人唱歌说话。我便很神往，又担心自己不会唱歌。"不要紧，"我堂哥说，"你一直跟她讲话就可以了。"

但到了山上，我们什么也没有看到。

月亮倒是很好，却既看不到人，也听不到什么歌声。我沮丧极了。

我那位堂哥也颇失望。我们在坡头坐了很久，一句话也不说。

后来我问堂哥是否可以偷别人的黄豆煮来吃。我堂哥说："尽讲掰话，我们拿什么煮！"的确，我们并没有带煮东西的工具。

那一晚我失望而归。

后来，当满姑听我说起这事时，哈哈大笑说："你们这一对猪脑壳，人家唱歌哪里在屋边唱，唱歌的地方远得很，你们两个怕走一夜也走不到。"

那该是怎样的一个地方呢？

　　稻子在白露以前就扬花了，到中秋时节便已出谷线，开始壮颗。白日里风吹过来，可以看见碧绿的滔天稻浪。那风是一阵紧接一阵的，稻浪也一层紧接一层，翻滚着，波卷着，像一片稻叶的海洋。芭蕉叶也一直被风吹得呼啦啦响。棕树叶在旋转、晃荡，风大时还发出一种奇怪的声音。

　　白鹤成天在水田里守候着，有人走过，它会突然从你面前惊飞，吓你一跳。

　　秧鸡还是不知疲倦地在河边一天喊到黑。它喊什么呢？人说它喊是为了求偶交配和生产，但从三月喊到八月，它不累么？

　　燕子已经生下幼崽了，堂屋里的燕子屎多了起来。有人用芭蕉叶铺在地上，不停地换叶子，还是臭。

　　蜻蜓在黄昏时出来吃蚊子，飞得满河坝都是。有脑袋又大又亮的"大哥佬"，有灰色的"登电"，更多的是红色的小蜻蜓。"登电"是什么意思？不知道。我疑心这是侗语，专指那种灰色的蜻蜓。但侗语称蜻蜓却又有一个专门的词汇，就叫"登滔"。"登滔"是否泛指所有蜻蜓，而"登电"专指灰色蜻蜓？更不得而知了。

　　斑鸠和竹鸡也整天在山上叫唤着。那时候，故乡盘村还真是一个鸟的世界，一个鸟的乐园和天堂。那时候，除了孩子，盘村人中没有人捕鸟、打鸟、吃鸟。直到一九七八年，才出现了第一个用火枪打鸟的人，那就是村里的半脱产老信。老信到公社当半脱产之后，吃过几次鸟肉，知道那鸟肉的味道不错，于是他专门置办了一只火枪，从公社回家的路上，他就打鸟，走到家，枪尖上便挂上了血淋淋的一大串。

　　一九八〇年，村里出现了另外两个捕鸟专业户，他们就是三爹万和大家标。这时候，生产队已开始落实土地承包责任制了，三爹万已不再担任支书，他无事可干，变发瘾养起了竹鸡和画眉。大家标成为他的帮手，他们合伙做起了鸟生意。从那以后，鸟才越来越少。但在这之前，我们盘江两岸的青山之中，鸟真是很多啊。那时候一个人走在箐山里，常常要被鸟

八月

的惊飞吓破了胆。

那时候,故乡的八月也就这样,稻穗飘香,百鸟鸣唱。早晨有大雾弥漫,中午有烈日当空照耀,傍晚红霞满天,夜来月明如昼。江边的圆木堆上,小木桥上,始终有年轻人在歌唱,像牛喊崽一样,又放浪,又感伤。

我说过了,这是一个相对的农闲时节。外村有人来盘村找活路做,打瓦的打瓦,做木匠的做木匠,还有人专门来编竹椅子。做哪家的活便吃哪家的饭,价钱也好商量。

那一年,丹妹就在这个季节里出事了。

丹妹是个长得极文静又漂亮的女孩子,人见人爱,是二家炎最小的女儿。

可惜不会说话,是个哑巴。

怎么不会说话呢?听说是小时候发高烧烧坏了脑子,人就不会说话了。但还是聪明,样行一学就会。除了不读书,所有农活都会做,而且做起来很麻利。

那一年,她长到十三四岁,像个大姑娘了,却还天天到河边去捡木渣。那一年老孟要起屋(立房子),请了几个外乡木匠在河边成天又砍又刨。木渣多,村上有好几个孩子都去那里捡木渣。捡木渣来干什么?捡来烧火引火。

一个自称是石洞汉寨来的木匠,每次都把木渣送给丹妹。那个木匠的年纪跟丹妹的大哥差不多,三十啷当岁吧。不知道他用了什么方法、什么手段,居然把丹妹骗跑了。

丹妹不见了,家里人着急得不得了。一个活生生的人,怎么突然就不见了呢?

二家炎和二妈团哭得死去活来。

因为那个木匠也突然不辞而别,且同时消失,于是人们把二者联系起来,又想起平时丹妹总来跟那个木匠讨木渣的事,大伙才怀疑丹妹可能是

 木楼人家

被那个木匠拐跑了。

那木匠人是哪里的？名字叫什么？人们问老孟，老孟居然说不确切。老孟说："他讲他是石洞汉寨的，名叫什么不知道，平时大伙都叫他老石，我们也都叫他老石。"

二家炎和他的大儿子老董连夜赶到石洞汉寨，问人家知不知道有一个叫老石的木匠？汉寨是个大寨，三百多户人家，二家炎一一问过了，都摇头说不知道，没听说。人反问："老石是名字还是姓？我们这一寨人都没有姓石的。"

二家炎很失望，也很悲痛。从石洞汉寨回来的当天就病倒了。

二妈团成天哭，人也瘦得不成样子了。

养一个女儿不容易，更何况，这女儿从小多病，老人在她身上没少花心血。二家炎一病不起，半年后谢世了。

二妈团也哭坏了一双眼睛，成瞎子了。

四年后的一个秋日黄昏，好像也是在八月间，丹妹回家来了。她背上背一个崽，身后跟着一个男人。不过这男人不是那木匠，而是一个形容猥琐的老者，年纪跟二家炎差不多了。

母女俩抱头痛哭。一家人争先恐后问丹妹究竟是咋回事，丹妹"咿咿呀呀"什么也讲不明白。

那老者说，他是朗洞地方的人，因为人长得丑，一直讨不起婆娘，后来邻村的一个婆娘给他"种成"（说媒），才讨了丹妹。

这样说来，丹妹已被转过好几道手了。可怜的丹妹，她什么也说不出来，只会哭。

老董不同意丹妹嫁给这老者。老董说，朗洞，那已经是苗家人的地方了，不能把妹妹嫁到那地方去。

但二妈团说，算啦，人家还带丹妹来娘家，让我们看上一眼，就是很

有良心啦。再说丹妹又有了人家的崽，就算了，认命吧。

人说二妈团眼睛瞎了，她看不到这女婿好丑，要是眼睛不瞎，她也不会同意把女儿嫁给那苗家老者。

丹妹在娘家住了几天，就跟那苗家老者转回去了。不久，便传来了丹妹的噩耗，说是她在生第二个孩子时是横胎，生不下来，活活痛死的。但丹妹到底是怎么死去的，对娘家人来说，始终是个谜。

丹妹死时不到二十岁。她给盘村人的印象是：漂亮、乖巧、忧郁，不会说话，命苦。

南瓜花还在开着，但已不比先前鲜艳了。老南瓜从瓜架上吊下来，差不多要把瓜藤拉断。

牛圈里的粪越堆越高，旧粪里长出一些奇怪而美丽的菌子和蘑菇。有些红红的，像辣椒，又像狗卵。

河边的水很小了。一群孩子成天在那里泡着，他们时而在塘中解凉、打水仗，时而安篝摞鱼。一整个夏天都与太阳和水打交道，身上晒得黝黑光亮，像条泥鳅似的。

辣椒被大人一背筐一背筐从山上背回来，一部分用刀砍细，做成酸辣子，一部分用稻草编成长串吊在屋檐下。还有留来做种子的苞谷，也被编成串屋前屋后到处挂着。苞谷是金黄的，辣椒是大红的，这两种颜色鲜艳耀眼，在八月的秋季里给木楼人家增色不少。

葵花呢，也成熟了。盘子垂下来，已经不能向着太阳转。要是有人来找满姑说话、摆门子，满姑便叫我去砍一盘来给客人吃。当然我们自己也吃。新鲜的葵花籽，很嫩，有清香味，但还是不及晒干后炒来吃香脆。

稻子日见成熟起来。田中的水就可有可无了。三四月间放下去的鱼苗此时已长到五指宽，没有一斤，也有七八两。

 木楼人家

放干了田中的水,扯开两行稻秧,拉出沟来。

鱼都在沟里了,只管用撮箕撮。

一条一条的鱼被丢进木桶里。

如果白鹤不是太肯帮忙,一丘三四亩面积的水田差不多可以撮到一挑鱼。一挑,也就是两桶,大概有二十来斤吧。

鱼被破开肠肚,洗净,放上盐和辣椒粉,腌在坛子里,做成腌鱼,供日后随时取食。坛子不漏气,人勤换坛沿水,这腌鱼可以放二十来年不坏。当然也不会有人真的放上二十年。乡下人买肉不方便,有客人来,首先想到的待客的上等菜肴,便是腌鱼。

腌鱼可生吃,可烧吃,也可炒来吃,怎么吃都香,都可口,尤其下饭。

山上做活路,或者走远路,赶场,包一坨糯米饭,饭里夹一点腌鱼,那就太美了。

秋分过后,盘村人家家放水田捉鱼杀鱼,一条盘江水,差不多有半个月总是臭腥腥的。

河边寨子背后的那片大板栗树上的板栗已经熟透了,板栗球落了一地。板栗树又高又大,枝繁叶茂,人是很难爬上去的。板栗球熟透后,便自己张开口,露出亮晶晶的乌红大板栗籽,风一吹,掉下来,滚进落叶和草丛中,所以这树下终日有人在刨那些落叶和草丛,刨得哗哗响。

这片板栗树林是我二伯父栽的,属于他的私人财产,但村里人常常也要来分享一点,我二伯父并不十分计较。"几个板栗,能发财咋个。"这是他常挂在嘴边的话。人来找板栗,看到我二伯父并不反对,胆子就大了,就要上树去打,这样,我二伯父就不同意了,他就要出面制止。我二伯父说:"我不在乎我的板栗籽,但我在乎我的板栗树,你们上树打,板栗树就会被你们踩断。这板栗树,是我小时候栽的,长成这样子,不容易,你们搞断了,可惜!"

在河边徒手抓鱼的妇女

 木楼人家

满地的板栗树和板栗刺球,当中的确可以刨出很大很亮的板栗籽,刨一早上,总可以刨出个两三斤来吧,拿回家去煮来吃或炒来吃都行。要是拿去和鸭子炒,那就真是美味得很了!

梨子也在这时节成熟。

盘村那时最多的是清水梨和硬头梨。清水梨的水分足,味道好,但在树上保存的时间不及硬头梨长。秋分过了是寒露,寒露过了是霜降,到霜降季节清水梨就基本上被吃光了,留下光秃秃的树。可硬头梨不一样,硬头梨个小,水分也不及清水梨充足,且因为硬,口感并不太好,味道有点酸,不及清水梨甜,但在树上保存的时间却很长。有些人家孩子少,树上的东西留得住,便留到霜降之后。这硬头梨经霜一打,就变软了,味道也由酸变甜,那又是另一番滋味了。

不过盘村人不管什么样的水果,好像都不能留到它真正的成熟期,原因就是孩子多、嘴馋,而他们的所谓成熟,其实就是可以吃了。比如李子、桃子、杨梅、橘子、柑子之类,按说是要等它们变黄、转红之后才能吃的,但盘村的孩子往往在它们的颜色还很青的时候便将其吃掉了。大人问:"酸吗?"孩子摇摇头说:"不酸。"大人拿来吃,却酸得差不多要掉牙。

因为田间放了水,那些原本高高地架着的水枧,此时就不再进水了,原先终日从高高的水枧里往水田中掉下的水,此时也不响了。

只有看到这水枧的水终于干枯的时候,我才会想到,又一个季节已经悄悄流逝了……

**九月栽花过重阳,重阳酿酒桂花香。
劝郎同饮桂花酒,俩我结伴久久长。**

九月

    如果不是因为要打谷子,九月大概算得上盘江一年中最美丽的季节吧。这时间,稻子黄了,漆树和五倍子树的叶子也变红了,天气不冷不热,到处洒满金色的阳光。在还未到打谷子的时日里,盘村人坐在自家的廊檐上,唱歌也好,摆门子也好,都显示出这是一年之中最难得的自在日子。

    那时候三妈妹仙还是个年轻的媳妇,她抱着半岁多的儿子老约在廊檐上喂奶,敞着怀,露出又大又白的奶子。廊檐下有一条堰沟,沟水是从上河的架仙寨塞坝引来的,此时各处水田都不要水了,堰沟的水反而蛮大。沟边铺着几块大石板,有人整天在上面洗这样洗那样,三妈妹仙便一边奶孩子,一边跟洗东西的人说话。她们的说话声随风飘散,被带到盘江河谷两面的山坡上。

    堰沟再往下流,就是一处磨坊。溪水不尽昼夜地流淌着,水车也终日吱吱呀呀地响,磨坊里一年四季都有东西在磨。

    看管磨坊的是一位上了年纪的老人,名叫公衣。这个人的特点是从不

 木楼人家

肯与人多说一句话，但如果他一开口说话，别人就要吓一跳。

他在石磨上方的漏子里加足了苞谷或谷子，便倚着窗子看三妈妹仙奶孩子。他叫唤起来，声音像一头快渴死的牛。

"妹仙，你咋拿我的面粉口袋喂崽？"

堰沟里洗东西的妇女们都快活地笑了。妹仙也笑。妹仙说："公衣，你饿不饿，你想吃，过来我喂你两口。"

公衣不还话了，摇着头，自言自语般笑着说："啧！啧！算角色！"

堰沟边的女子却不肯就此煞搁，继续说："公衣，你看妹仙那口袋白不白？"

"公衣，你那么大年纪了，哪样没见过，不要怕，你就出来咬她一口，看她敢咋样。"

"……"

公衣直摇头，说：

"啧啧！算角色！"

再无话，只管埋头做自己的事去。

堰沟上有一棵很大的枇杷树，果子没有了，叶子还很茂盛，巨大的影子投在堰沟边上，使洗东西的人们都落在阴影里。

枇杷树的旁边，有一道用大青石块砌成的石级，一直通到村头。

在石级的拐弯处，有一户人家。这家的主人是个瞎子，他什么也看不见，整年撑着一根拐棍在自家廊檐下闲坐。他可以根据不同的话音和脚步来判断从他面前走过的每一个人。

"蒙老，你看见我那崽过那头去了？"人们问他。

"过去了！"他肯定地回答说。

"蒙老，你看见我那几只鸭子过去吗？"

"是有几只鸭子，恐怕下堰沟去了。"

"蒙老，你看见我的牛么？"

"蒙老，你看见我的猪么？"

"蒙老，你看见我家那背时的么？"

"……"

人家问他看见这样那样没有，他不觉得是有意侮辱他。事实上也是这样。人们的确没有必要有意侮辱他。相反，人们很同情他。有时人们看见他下楼，竹拐棍一直在前面探着，便想去帮他，他说："不要紧，不要紧，我自己会走，这地方，我晓得的。"

他百无聊赖，走到堰沟边听妇女们讲笑话，听到好笑的，他当然要笑。有些妇女孽障，对他说："蒙老，你莫光嘿嘿笑，你也给我们讲一段好不好？"

"我不会讲。"蒙老说。

"不会讲？你莫哄人好不好，听讲你年轻的时候，年年都要换床方，是不是？"

妇女们开心地笑起来。蒙老却很认真地说："是木匠故意整我，他们欺我是瞎子，故意把床方搞得细细的。"

大伙又笑开了。有人还想开他的玩笑，有人却制止了，说："莫拿老人家细毛了，好不好？"

"细卵毛，我们蒙老可喜欢人家讲他了，是不是，蒙老？"

蒙老可能没听清，说："是。"

大伙又笑开了。

蒙老终于明白了人家先前对他的问话，说："你们讲的我是爱听，只要莫讲我。"

大伙说："好，不讲你了，我们讲别个好不好？"

于是大伙把话题岔开了，讲起了另外的事情。

在我的印象里，村口的那条堰沟边似乎整年都是这样笑声朗朗的。

这时节，白天的太阳还是很大，天气也热。但早晨和夜间就感觉到凉了。

去江边乘凉唱歌的人越来越少，只有老十每夜都去桥上吹笛子。

老十是个单身汉，快三十岁的人了，讨不起婆娘，他心里闷，又没地方去玩，只好整晚吹笛子打发日子。

曲子是自编的，瞎吹，好像不成调，但也还是蛮好听。

老十为什么讨不起婆娘呢？是穷？懒？有病？还是人生得丑没人看得上？都不是。

他有个绝症：没卵子。

一个人怎么会没卵子？

不知道。

没卵子的人还算是男人吗？

也不知道。

但老十的长相、打扮都是男人的样子，只是说话的声音和一般男人不一样，尖的，细的，像女人。

我没见过老十的身子，不知道没卵子的人到底咋样。平时间大伙也没把他当怪人，他活路照样做，饭照样吃，扛东西，挑这样那样，也不见得比别人少，他有什么不一样吗？没有。只是村人说，他没卵子。

没卵子当然不能娶媳妇。

老十想不想娶媳妇呢？

应该想，不然他吹那些哀哀伤伤的曲子干什么。

父亲每天早上要去割漆割牛草，去得很早。他去的时候，天还没亮。

整个盘江河的河湾上，被罩子罩得严严实实，伸手不见掌。

"罩子"就是雾。盘江人管雾叫"罩子"。

九月

父亲凭经验摸到山上，天才麻麻亮。

他先割好草，捆好，放在路边，然后换上割漆的衣服开始割漆。

有些人挨不得漆树，一挨近漆树，全身就红肿过敏，起红斑。

父亲不怕漆。他把蚌壳插在漆树皮里，然后用割漆刀在漆树上割一道新的刀口，漆浆就慢慢淌下来，流进蚌壳里。

他就这样慢慢割着，割完百来个蚌壳，雾就散了，太阳出来了。他又从头收起蚌壳，把蚌壳里的漆浆倒入竹筒做的漆桶中。

他把漆桶挂在草扛上，下山回家。

他到家的时候，我才起床。太阳照着我的眼睛，我看到父亲把割漆衣服脱下，晾在廊檐的竹竿上，然后他回头对我说："弟儿，打水给我洗脸。"

我赶紧从水缸里舀一盆凉水给他。

他在太阳下洗完脸，便坐下来用洗脸水磨镰刀。

母亲在屋里煮着猪潲，已经煮熟了，猪潲被她舀出来，晾在大木盆里。几只不怕死的鸡过来吃猪潲里的粮食，母亲赶开，它们跑开几步，又重新拢来了。

满姑在火塘间炒菜，用猪油炒牛皮菜，炒得满屋香。

太阳照在热气腾腾的板壁上，可以看到烟子、雾气和尘埃在上下滚动。

到九月初九，要过重阳节了。

客人来了不少，大姨妈、外婆、表姐，还有大孃。

母亲做了马打滚，还杀了两只鸭子。

马打滚就是用热糍粑在黄豆面上滚，滚成一个面球，趁热吃，又香又软，好吃。

外婆那时还不算太老，脑子还清醒，喜欢给我讲红军长征过麻阳的故

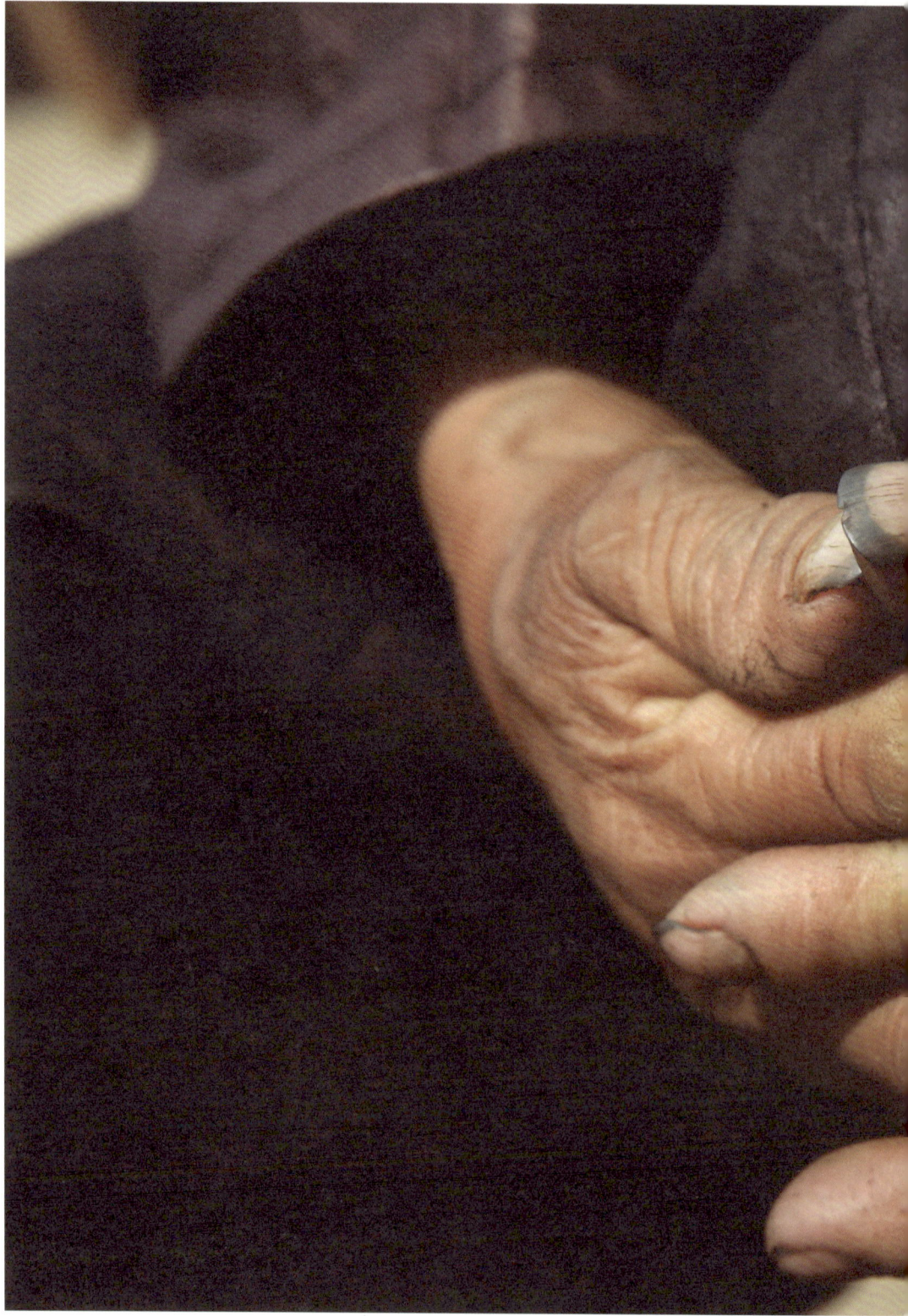

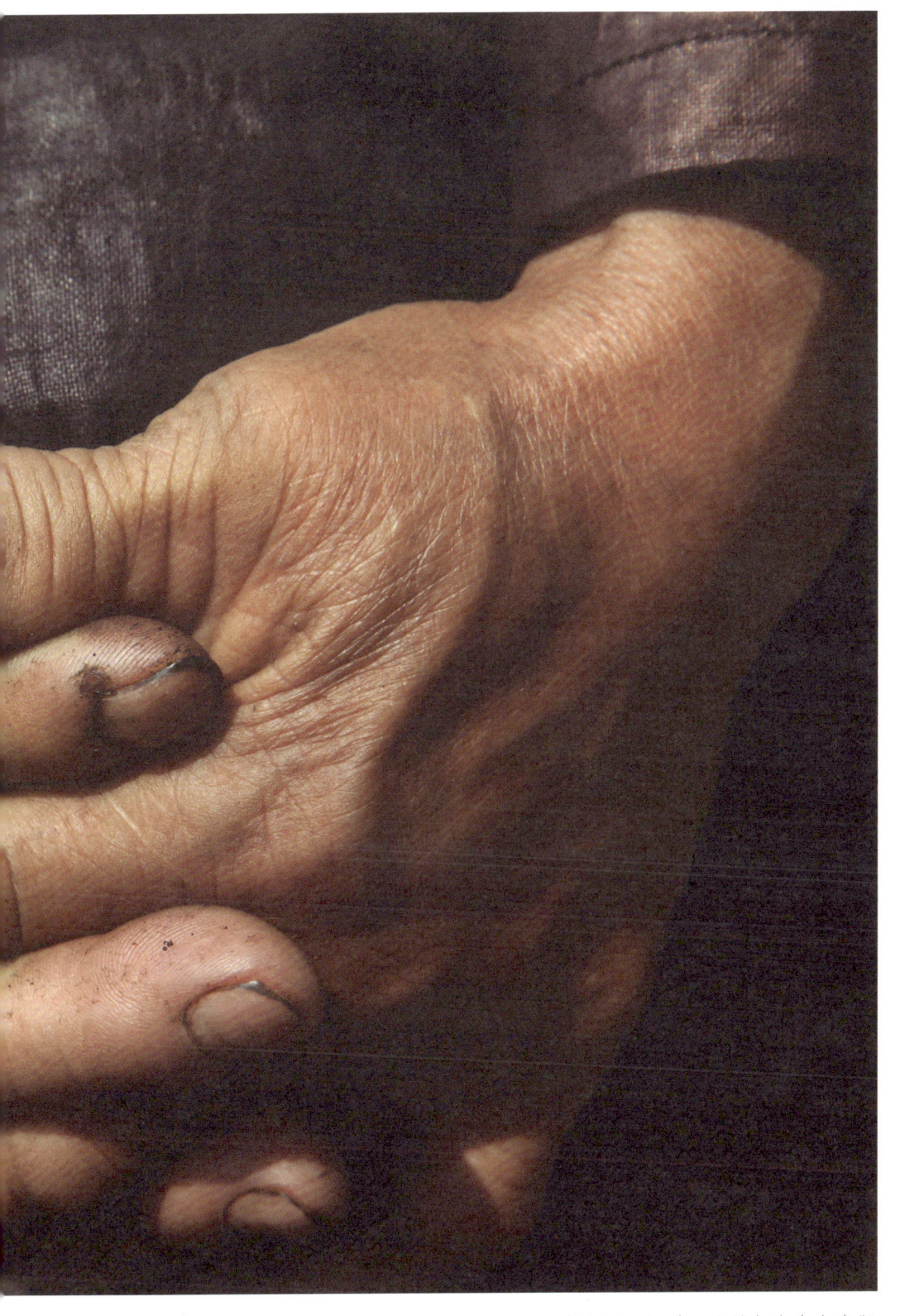

每年的重阳节，大孃都会来走我们

事。我那时年纪还太小,很多故事的细节都记不得,只晓得她讲红军跟湖南军打仗,死了很多人,血流成河,一个湖南佬,缴了红军七杆枪……她背着我大舅二舅往山上跑,子弹在头顶上飞,弹头可以把一棵大树打穿。

外婆抱着脚,讲话的声音既缓慢又柔和。

大姨妈不时插话,但她的话常常被外婆否定,外婆说:"那成间,你还小……"

大姨妈满脸皱纹,看起来年纪和外婆差不多了。母亲说,大姨妈家穷,日子过得苦,她操心多,人就老得快。

大孃呢,只管哈哈笑,人家讲什么她就打岔,自己却一个故事也不讲。

天黑后,满姑把枞膏烧起来,火塘间顿时亮堂堂的。父亲摆起小木桌,木桌上架起火锅,锅里煮着鸭子和广菜。父亲给客人斟上酒,说:"吃吧吃吧,讲是过节,也没那样好吃的。"

大伙便把酒碗端起来,倒一点在地上,以示先敬祖先。外婆品了一口酒,说:"像是有点糊了?"

她的意思是问我母亲。外婆是盘江最出名的烤酒大师,我母亲虽然秉承家传,烤酒的手艺也远近闻名,但在外婆面前,当然也是逊色的。

大姨妈和大孃都说没有。只有我父亲说:"是有一点。"

外婆便告诉我母亲,说出酒后,火不要太大,要适中。母亲笑笑,说要忙去挑水,就顾不得看火了。

鸭腿归我,鸭肝归外婆,其余众人随意。

萤火虫在窗外飞来飞去,屋子里笑声朗朗,话语融融……

节后,父亲在竹林前面的田坝上搭起一个晒台,准备用来晒谷子。

要打谷子了。

每日里雾散云开,太阳热辣辣地照耀,田坝上原先的秧苗,如今除了糯谷,其余稻子都变黄了,阳光下可以看到那饱满的稻穗是沉甸甸而金黄

九月

灿烂的。

满姑和母亲在弯腰割稻子。割好的稻子被一把一把放在已经干了水的田坝上。无数的蚂蚱在稻叶上飞来飞去。

父亲扛着谷桶随后跟来。他一个人打谷子。一把一把的稻谷被他扬起,拍在谷桶内侧的木板上,"嘭——嘭——"声音在田坝上回荡,又规律,又悠长。

不远处也有人家在打谷子。田坝上到处都有人在打谷子。"嘭——嘭——"那声音此起彼伏,像做梦一样。

孩子们在收割过后的泥沟里挖泥鳅和黄鳝。用手挖,挖得一身是泥,但笆篓里若有半笆篓滑腻腻吐着白沫的泥鳅,这孩子即便是被泥敷得像头水牛一样,也是在所不惜的。

像我这样大的孩子则只会捉蚂蚱。当满姑和母亲把一丘田的稻子割到只剩下最后一点点,所有的蚂蚱都集中在那一角稻子上时,我只管捉,然后用草把它们串起来,串成长串,然后拿回家,用猪油炒,伴以盐巴、大蒜和辣椒,那味道相当好。

大约在霜降前后的十来天里,盘江河沿岸的田坝上,到处传来打谷的声音。

接着田坝就空起来了。

稻草被堆成垛,又很快被挑回家,在河边附近堆成草寮,那是供冬天的牛和猪使用的东西。父亲说,那是牛和猪的棉被,没有这棉被,它们会被冻死。

被割掉了稻子的稻根重新发出嫩叶,青青的,此时牛就会被放出来,让它去吃田埂上的青草和田坝里稻根的青叶。稻根的嫩叶是很甜的,人也可以吃。

牛终于获得了解放。从三月间栽秧起,它们就一直被关着,在圈里度

过了漫长的半年时间,真是可怜。

牛在空空的田坝里吃着嫩草,吃饱后,它们快活地奔跑起来。它们跑起来的时候,真像疯了似的。

它们奔向异性,然后快乐地求爱和交配,孩子们也欢天喜地地为它们呐喊助威。

仿佛受到了传染,村子里的狗也终日在田坝和草垛边上演这种爱情喜剧。不过,孩子们对狗就没有像对牛那么宽容了。由于狗在完成交配后不能立即分开身体,而是两尾相交,丑态百出,因而常常要遭到孩子们的追打。可怜的狗,它们的爱情是如此不易。

一群鸭子像洪水般漫过田坝。那是赶胡鸭的来了。

鸭子真多啊,没有一万,也有几千吧。

鸭子走过的地方,谷子绝迹,蝗虫绝迹。

赶胡鸭的人扛着一个大篷,慢慢从田埂上走过。当决定在某一处宿营之后,他便放下大篷,就地安家落户。然后呢,他把鸭子也围在附近的一丘大田里。

那些鸭子总是这样忙忙碌碌地奔跑,我疑心它们是否能吃饱。

天黑了,鸭子安静下来。养胡鸭的人开始吃饭,原来他随身带着烧菜煮饭的工具。他的菜便是鸭子。

"你成天吃鸭子吗?"有一回我问他。

"是呀。"他说,"好玩吗?"

"好玩。"我说。

他给了我一只鸭腿,我迟疑了一下,接住了。

"吃吧。"他说。

我咬了一口,并不好吃。

"没有香料,"他说,"不好吃,是不是?"

九月

我点点头，又摇摇头。

他笑了，说："天天吃鸭好玩吗？"

"不好玩。"我说。

他摸摸我的头，问："上学了吧？"

我又点点头。

"读几年级？"

"一年级。"

"叫什么名字。"

我告诉他我的名字。

养鸭人说："嗯，这名字好，长大后你会有出息的。"

"你为什么养这么多鸭？"我问。

"这鸭不是我养的，是队里养的，晓得么？"

"队里为什么养这么多鸭？"我又问。

"找钱么，搞副业么。"他觉得我未必能听懂他的话，又补充说："长大了，你就晓得了。"

人和鸭子在田坝里过了一夜。第二天，飘走了，只余下一丘田的鸭屎。

木楼人家所谓的农闲的确只是相对而言的，事实上并没有真正的农闲。稻子收割过后，红苕该挖了，油菜和小麦也该种了。还有母亲的菜园，那里的南瓜藤早已枯死，南瓜已搬回家，豆荚是连藤带架抽放在园边，也该重新整地，种上一些新的蔬菜了。

母亲一连在园子里忙了几天，园子便变样了，本来并不太大的园子被分割成好几块，苔姜的苔姜，种葱的种葱，另外还要撒上小白菜和芫荽的种子。

不几日，菜园又恢复了原先惯常的青翠模样。

对了，还有黄豆，也该扯了。过中秋节时，黄豆还是青的，但跟着很

堆草垛

九月

快就变黄变枯了。因为忙着打谷子,一直没空去收,此时若再不去收,那黄豆籽就会重新发芽了。

母亲、父亲、满姑一道去坡上把黄豆扯回来,放在晒板上晒。晒板上晒不完,就拿到猪圈顶的木皮上晒。晒到中午,可以听到黄豆从豆荚里爆出来,落在木皮上。到下午,母亲就过来把黄豆拍进谷桶里,豆秆丢在一边,收好,冬天煮来喂牛。

红苕藤捆成一把把,也放在瓦檐下晾晒。晒干了,收起来,做冬天的猪潲。

南瓜也一个一个被背回来,堆放在老屋三楼的仓房里,差不多堆满了半间屋子。

说不清是哪一天,燕子离开了我们。

母亲说,燕子走的那天早晨,它们集中在电线上"开会",站了长长的一排,到中午,就看不见它们了。

堂屋里顿时清静下来,但这种清静,却是让人有些不适应的。

山上的叶子正在枯黄飘落,地上积满了厚厚的叶片。

远处的箐山,红叶千簇,像春天的花朵一样,又灿烂,又美丽。

在一场秋雨过后,盘江河谷的田坝上,又呈现出一派嫩绿的色彩。茶油树这时节又开了一次花,不过这次开花就不会结茶籽了。父亲说,茶油树是被这天气骗的,它以为是春天来了。父亲补充说,说是春天也没错,以前老人家就把九十月间的日子叫小阳春。

茶油花里的蜜还真不少。蜜蜂抓紧季节采蜜,准备着冬天的粮食。我摘下一根空心草,两头掐断,插在茶油花朵里去吸吮,能吸到大口大口的蜜糖。

父亲说:"少吃点,会醉的。"

吃蜜糖真的会醉人么?

鬼晓得,我没醉过。

这时节,为了给冬天准备足够的柴火,扛柴也成了一件极重要的活路。

满姑每天早晚要扛两扛柴。柴是旧柴,是春天砍土时砍下的,堆成柴码,经过了一个夏天的日晒风吹,这些柴都变成干柴了。

路不算太远,但树大林深,鸟兽多,有些怕人,满姑每次去扛柴,都要带上我。

我扛不扛呢?当然扛。有时扛一块,有时扛两块。我也有一个小小的柴杈,是满姑帮做的,做得很精致。

在堆放柴码的地方,有八月瓜,有血藤果,还有各种各样的菌子。

八月瓜是一种什么样的水果?学名叫什么?我不知道。我只知道它的侗语称呼叫"王邈"。这种瓜我在别处似乎并不曾见过,我猜想这可能是我们盘江一种独特的植物吧?它是一种藤状植物,藤上结果,形似香蕉,但不及香蕉大。瓜熟后,自然裂开,露出里面的瓤肉,瓤肉有瓤有籽,似西瓜,可连瓤带籽吃下,味道甜美可口。

八月瓜有两种,一种叫白瓜,一种叫小米瓜。白瓜的外壳是青白色的,瓤肉是白色的;小米瓜的外壳是青绿色的,瓤肉是黄色的,呈小米状,故名。

血藤果我们叫"乐阳",就是血藤结的果子。血藤有大血藤,有小血藤,小血藤果叫"小乐阳",大血藤果叫"大乐阳"。小血藤果似乎随处可见,大血藤果则少有,只有在深山箐林中才能见到。

菌子的种类也很多,常见的是冻菌、枞树菌、香菇和木耳。这些东西,侗语统称为"ac"(阿)。

满姑带我去坡上扛柴,总是喜欢唱着那些忧伤的山歌,同时为我采摘这些野果。八月瓜和血藤果如果没有很多,一般都是当场消化,菌子嘛,则带回家来做晚上的菜肴。

九月

那时候，故乡最多的水果应该算"布冬"了。布冬就是猕猴桃，这东西如今在城市已成为珍贵水果，但那时在我家乡却又烂贱又平常。

在我的印象里，似乎一到深秋季节，满山遍野都能看到布冬。

布冬也有好几个种类。从颜色上分有黄布冬、白布冬；从果实大小分有大布冬、小布冬，大布冬像拳头，小布冬则小如指头；从形状分，又有长布冬和圆布冬……其实只有两类布冬，就是猕猴桃和羊奶猕猴桃。

布冬在五月开花，六月结果，八九月成熟。

布冬的熟，是以变"葩"为标志。"葩"就是软。布冬由硬变软，就可以吃了。

布冬在藤上自行变软，那是再好不过了，但它既长在山上，又没说是哪家的，所以当它变"葩"后，许多小动物就很喜欢来帮忙分享美食。小老鼠是最勤快将这东西搬进它的洞去的。还有老鸹，也很爱吃这种水果。

老鸹就是乌鸦，这背时鸟在哪里都讨人厌、讨人嫌，在我家乡也一样。人在山上听到老鸹叫，就吐口水骂它："呸！叫你妈！"

以为这样可以把晦气屏蔽掉。

如果老鸹不吃布冬的话，我倒不恨它，但天底下哪有不吃布冬的老鸹呢。它要吃，由着它吧。不过，要跟它争布冬吃，我自有办法。这办法就是，还没等布冬成熟，就摘下拿回家，放在米坛子中窝着，不出三四天，布冬就"葩"了。

"葩"了的布冬真甜啊。

当然，满山遍野的布冬，老鸹如何吃得完？老鼠如何搬得尽？所以到霜降过后，山上的布冬全"葩"了，这时候的布冬，真好吃啊！

蛇在打谷子的时候就开始蜕皮准备进洞过冬了，但是，在九十月间太阳暖暖照耀的日子里，它还要抓紧时间出来觅食。这样，你一不小心就会与它遭遇上。有时它就在你前面不远的路上，长长的一条，在没有发

树叶差不多落尽时,九月就过去了

现你的时候，它还是缓缓地、慢慢地，如果你的脚步惊动它了，它便会"哗——"一下子滑入路边的草丛。

有一年，我和满姑去山上扛柴，就在我们的柴堆里面，盘着一条大瓦蛇（五步蛇），我的天！我和满姑的头毛都吓得立起来了。满姑丢下柴就跑，当然并没跑远。她略一镇定，就重新拿起一块柴，照准那盘一动不动的蛇狠打，一棒、两棒、三棒，蛇就完蛋了。

她用柴把蛇撩开，然后吐口水骂娘。在我家乡就这样，遇到什么晦气之事，以为骂几句就好了。满姑一边骂一边将打蛇的柴也丢了。那时候，盘江人都以为蛇是很脏的东西，凡是蛇碰过的东西都不能要。几块好柴，就被满姑丢掉了，她并不觉得可惜。

那时候，蛇真是多得要命，被蛇咬伤的人也多得不得了。我表哥阿八不就是被蛇咬成半残废的么。

有一年，我母亲在后阳沟就踩着了一条蛇，也是瓦蛇，有剧毒，幸好抢救及时，才没出大事，但也包了半年时间的草药，很危险。

在九月温暖的阳光里，蛇要出来伸展它的腰肢，同时也为越冬做最后的食物准备。和人一样，这时节，所有的动物都在为越冬做准备。

村头那一排枫木树，叶子由黄变红，现在飘落得差不多了，地上已经积累了厚厚的一层，树上仅剩的，也摇摇欲坠。但是，无论太阳从哪边照过来，那叶子都仿佛是透明的，又鲜艳又美丽。

枫树叶落净的时候，九月就过去了。

十月

十月栽花花不结，朝打白霜夜落雪。
好花莫让霜雪打，好伴莫送旁人得。

雨落下来了。

是毛毛的细雨，不戴斗笠，也不会打湿衣裳的。但是，雨一落下来，天地间便骤然感觉到了几分寒凉。

母亲在屋子里夜以继日地抓紧时间纺棉花，织布匹。那时候机织布很少，且要布票，家里人多，布票不够用，所以村里人大多还是穿着自织自制的土布衣服。冬天既然临近，母亲就得考虑一家人的衣着，还有床单、被盖、棉絮，样样都只能依赖母亲的那两亩棉花地。

棉花早在八月间就收进家来了，九月间拿到晒板上晒，红红的棉花虫被活活晒死。母亲又请人把棉花弹过，最后做成了两床新棉絮，余下的则搓成细长的棉棒，一有空就把棉棒拿出来纺成纱。

每天夜晚，在枞明火的照耀下，母亲总是纺呀纺呀，不知疲倦，不舍昼夜。

父亲则整天在山上找枞膏。那时候的枞树真多啊，村前村后的山坡上到处长满了很高很大的枞树。枞树的枝丫里有油,砍下来即可当枞膏,引火照明都很方便。

有些很大的枞树,被人砍倒了,或者被雷击倒、被风刮倒,烂在山上,但树心里有油烂不掉,刨开来背回家,也是很好的枞膏。

还有一种取枞膏的办法,就是在活着的大枞树身上,砍开几块皮,让它的油流淌出来,过些日子再去把浸满了油的枞树砍一块下来,也同样可以当枞膏用。

因此,那时候找一点枞膏来用是不费力的,但要一下子找足一个冬天用的枞膏,那就要花些工夫了。

从八九月开始,父亲一有空就到山上去走去唠,背一个背篼,似乎并没有很明确的目的,只是满山遍野地闲逛。这在我们盘江地方,就叫"逛山",也叫"唠坡"。如路上遇着人问:"去哪里啃?""去唠点坡。"

"唠坡""逛山",就是无目的地在山上行走,然后见到什么有用的东西就搬回家来,比如看到五倍子,就打五倍子,看到桐油,就捡桐油,看到枞膏,就砍枞膏……那时候的山上还真是什么都有,从不会叫人白逛一趟。

集体的,人工的,成片的桐油,在打谷子过后就被队上社员全部捡回家来了。那时候,桐油籽算得上是队上最重要的副业收入之一。

桐油从坡上捡回来,堆在家里沤烂,然后用一把铁钩子剥开桐油壳,取出桐油籽。桐油壳倒在田里当粪,桐油籽则用焙笼焙干后卖给国家。

但是,山上还有一些野生的桐油树,那是没人去捡的。这就要靠逛山的人去捡了,否则那些桐油就会烂在山上,怪可惜的。

天晴或飘细细毛雨的日子,父亲便带我到山上去,他要教授我许多山上的知识,比如认识各种各样的树及它们的不同用途,又比如辨别各种中草药材和它们的药用价值,等等。更重要的是,父亲要教我熟悉他常走的一条山路,因为在这条路上,有些东西是他独到的发现,为他独自拥有。比如有一棵大树,烂在山上了,年年要长很多菌子,他每隔一礼拜去光顾一次,每次都能背回大半背篼的菌子,可以说,那棵大树上生长的冻菌几乎成了他的私家菜园。

当然,逛山的知识是很丰富的,这也绝不只是去收获各种"野货"而已,学会跟大山里的各种动植物一起和平相处,才是根本的目的和意义。其实,在山里,危险是随时随地都存在的。比如有些草是毒草,这你可要当心了,如果不小心摸上它,那就麻烦大了。父亲告诉我,对这种草,一是尽量避开,二是万一碰着,得赶紧找解药。他告诉了我相应的解药。又比如,蛇和毒蜂也是防不胜防的。有一次,我们就碰上了毒蜂,当时父亲正在砍一根拦路的长藤,没想到,长藤牵连着不远处的一窝马蜂,几只马蜂迅速向父亲和我俯冲下来,幸好父亲和我都戴了斗笠,我和父亲立即蹲下不动,马蜂在斗笠上蜇了几枪,又转了几圈走了。父亲说过,万一遇上马蜂,千万别跑,只能蹲着不动,如果惊慌逃跑,必死无疑。"人哪能跑得过马蜂?"他说。事实也正是这样,那时候村上就有一位妇女,在打猪菜时遇上了马蜂,她撒腿就跑,结果被马蜂活活蜇死,模样惨不忍睹。

就这样,我和父亲在山上逛着、唠着,背篼里的东西越来越多、越来越重,到天近黄昏时回家,我们真可以说是满载而归了。

母亲和满姑早早就把夜饭弄好,在等候着我们了。

"好玩吗?弟儿?"

"好玩。"

"得吃些哪样?"

"得吃乐阳。"

"光得吃乐阳呀?"

"还有布冬。"

"还有呢？"

"还有王邈。"

"王邈得吃几个？"

"一个。"

"才得吃一个呀。"

母亲和满姑大笑起来，父亲也笑了。父亲说："还得吃鼻腻果呢，你忘了？"

"还得吃鼻腻果。"我说。

"啧，弟儿，今天得吃的东西真多，弟儿累不累？"

"累。"

"脚酸了吧？"

"酸。"

"明天还跟爹去逛山吗？"

"去。"

大伙又笑起来了。母亲为我打热水烫脚，她在热水里放点盐，我把脚伸进木盆里，果然一下子舒服了许多。

第二天上山，父亲教我怎样辨别各种野兽的脚印，同时教我怎样安套安铁夹。那时候，我家有一副大铁夹，是专门用来夹大猫的，大猫就是豹子和老虎。那时候的豹子和老虎据说是多年不见了，但豹猫和黄羊却还有不少。铁夹太大，我不仅掰不动，而且连提起来都困难。父亲说，安大铁夹千万要记得在路边打一个草标，过路的人看见就会小心避开，否则老虎夹不着，却把人害了。的确，这么大力气的铁夹，谁踩上了，脚杆准断无疑。

安套似乎要安全些。但有一种套，是要借助树的反弹力来将野兽弹到半空中去的，人若踩上了这种套，恐怕也活不成。

父亲指着一棵松树皮上的一小撮毛对我说："你看这里，这就是黄羊毛了，黄羊喜欢走岭上，野猪喜欢走湾头，野牛呢，就喜欢走半坡……"

那时候还有野牛？是的，还有野牛。有一年村人围猎围到一头野牛，因为牛不大，不好分，三爹万说那就干脆拿来打平伙。于是就打平伙，饭各人带，全村男女老少集中在食堂吃野牛肉，一人一筷，三下五除二吃了个干干净净，好在汤多，大伙用野牛汤泡饭吃，也吃得蛮痛快。

现在想起来，父亲那时教给我的有关大山的知识还真不少，可惜这些知识很快就被淘汰了，无用了。环境的迅速改变，使得这种知识只能成为记忆，成为历史。

有一回，父亲指着一株似草又似树的东西问我："晓得这是哪样不？"

"巴邪某。"我脱口而出。

"巴邪某"是侗语Bav xeec moux的音译，其实就是一种野生土茶树。我当然知道这种土茶，母亲经常用来煮茶，我咋会不知道？！

父亲告诉我，"巴邪某"的汉语称呼叫"节骨茶"，也叫"九节茶"。他说这种茶草可做药用，主要用于退热去湿。

那时候，屋背坡的山湾里经常可以看到这种茶草。现在，当然已极为少见了。我后来读过一些药书，才晓得所谓的"巴邪某"其实就是赫赫有名的草珊瑚。

还有一种叫"巴茄居"（Bav jac juis）的，屋前屋后长得到处是，我也是后来才知道它的汉语俗名叫"曼陀罗"。

那时父亲教我认识的草药已经不下百种，现在还记得的，就有七叶一枝花、黄山药、金银花、蛇莲、半夏、一支箭、车前草、天文冬、野棉花、爬岩姜、石菖蒲、无花果、四块瓦、灯芯草、紫苏、天南星等等。

记忆最深的有三种，一是八月瓜，这不是我经常吃到的东西吗？父亲

说，八月瓜果实和根可入药，治偏头痛。二是白茅根，侗语叫"尚娘架"（sangp nyangt jal），也是小时候自己经常挖来吃着玩的。父亲说，此草做药用，可退热、利尿、止血。三是布冬，即猕猴桃，这不也是我经常吃的东西吗？父亲说，猕猴桃的根可入药，主治黄疸病、水蛊病和尿血。

其实许多草药都是司空见惯的，但不经指点就不会明白，而一经指点，就会大感惊奇，同时恍然大悟。

我后来从新编县志上看到，我的故乡属亚热带湿润季风气候区，山地复杂，高低悬殊，有立体气候特点。这种特点，很适宜各种动植物生长，因而这一带保存的国家珍稀动植物非常多。

珍稀不珍稀，我倒没想那么多，我想到的一点，即是我小时候经常吃到的东西，原来都是这样药那样药，难怪小时候很少生病。自从我进入城市后，不仅三天两头生病，而且一年至少要去住一两回院。

立冬过后，山上就听不到蝉鸣了。它们是什么时候停止歌唱的？它们现在躲到哪里去了呢？

因为缺少了蝉鸣，山上顿时显得寂静了。但是，有时候会突然传来巨大的声响，比如树枝会莫名其妙地断掉，飘落于地；石头会不请而走，从山坡上滚下去，一直落入谷底；或者一阵狂风突起，吹得地动山摇，但接下来却又很快重归于宁静。

父亲说，世上万事万物的存在和动静，都不会是无缘无故的，只是这种缘故我们还不知道罢了。

父亲的话是对的。我后来想，父亲虽未读过什么书，但他与这山打交道的时间很长，已摸透了这山的各种脾气。

对面的山岭是一层叠着一层的，近处的颜色较深，远处的则较淡，越远颜色就越淡，在很远的天边，就只是灰蒙蒙的一条线了。那灰蒙蒙的地方，是哪里呢？

十月

近处的山坡,则层林尽染,美丽至极。

"爹,树叶到秋天为什么会变红变黄呢?"我问父亲。

"唉,人生一世,草木一秋啊。"他似乎答非所问。

"有些树叶变红,有些变黄,有些呢不变,这又是为哪样,爹?"我又问。

父亲笑了,他说:"为哪样?我也不晓得为哪样。我只晓得这世上的东西都是不同的,就像世上千千万万的人都是不同的一样。"

对父亲说的话,我那时是似懂非懂,如今仔细想起来,觉得真是有道理啊。

十月间有什么节日吗?

十月间没有什么节日。但在阴雨绵绵的日子里,木楼人家却要接二连三地举办好事。"好事"是一个专有名词,指结亲嫁女。

粮食收进来了,活路也相对较少,天气有些凉,但不算太冷,要再过一两个月,天下起构凌,那就很麻烦了。这样,十月间的确是结亲嫁女的最佳季节。

那一年,唢呐最先在我哥劳家吹响,听到唢呐响,我就知道,我哥劳要讨婆娘了。哥劳的婆娘是大洋地方人,那婆娘样子还好,人也和气,讲一口客话,侗话当然也会讲,但她很少讲。她是我哥劳去唱歌认识的,在办酒之前,已来过我哥劳家好几回了。

我哥劳家人山人海,热闹非凡。哥劳也跟进跟出,一会儿帮人倒茶端菜,一会儿抬这样扛那样,我觉得这天不是他在结婚,而是别人结婚他来帮忙。

一个正在结婚讨婆娘的人,他心里是怎么想的呢?我那时充满好奇。虽然绞尽脑汁,却还是想不出个结果来,只好趴在廊檐的栏杆上,去细细观察我哥劳的表情。

十月间，结亲嫁女是常有的事

哥劳始终不笑。由此我猜想结婚讨婆娘大概也不是什么太好玩的事情。

接着家休家也响起了鞭炮。家休是嫁姑娘，他姑娘梦花已经十六岁了，可以帮人生崽了，所以要嫁出去。

梦花的郎家在龙塘下寨，这个男人倒不是她自己挑选的，而是她父母听了媒人的仲成，给她安排的。

梦花不太愿意，但也并不强烈地反对。郎家来篮子的时候，父母征询她的意见，她说："随便你们。"

结婚这样的大事，怎能随便呢？

但梦花的确很随便。她的歌唱得不好，人的长相也很一般，平时跟人去玩山凉月，也没有哪个后生特别看得起她，因此真要嫁人，她当然只能随便。不随便还能咋样？难道可以盘算去嫁一个梦中情人不成？

梦花也哭嫁，声嘶力竭地喊了两个夜晚。第三天早晨天麻麻亮，一把红伞把她送过去了，从此做了别人的媳妇，再也不挨父母的打骂了，倒也好。

这是十月初六和初八接连发生在我们盘村的两件事。

跟着到了初十，妹波也要出嫁了。

妹波和梦花不同，妹波不仅人长得漂亮，而且玩山凉月时跟一个叫老柱的男崽好得要命，她什么都舍得送给老柱，光家机布衣服都送了十来件。老柱呢，对妹波也很好，到处跟人讨布票，然后给妹波买了二十几丈的花布，老柱不爱妹波他能这样做吗？他不能。

但老柱娶不了妹波，原因是妹波父母嫌老柱家成分不好。的确，老柱家是地主成分，老柱自然属地主子女。这样，妹波要想嫁给老柱就很难了。

十月初十这天，妹波家的唢呐也叫起来了。妹波要嫁给谁呢？嫁给她舅家的儿子老干，也就是她亲亲的表哥。老干有什么不好吗？老干什么都好，人长得不错，活路肯做，家境各方面也都蛮好，老干从小和妹波一起玩。但因为老柱和妹波是坐过"花园"的，什么情话都讲过了，老柱对妹波的那种了解、关心和爱，是十个老干也无法企及的。

那时候，我们盘村有一种风俗，就是允许像妹波和老柱这样的情侣在女方出嫁前一夜再见一面。见面干什么？见面唱歌，用歌声来告别过去，结束以往的感情。然后，从此再无牵挂。

表面看来，这风俗是虚伪而残酷的，但仔细一想，还是有人情味的。不这样做，又能怎样呢？我们虽然提倡恋爱自由，婚姻也应该自由，但自由的婚姻也未必幸福，父母之命恐怕也不能全当成是封建的。哪个儿女不是父母生养的？哪个父母愿意把自己的儿女往火坑里推？就拿妹波这件事来说，她父母对于她的婚姻的安排和决定，很难说是一个错误，尤其是在那个特定的历史年代里，我们对妹波父母的选择其实是无可指责的。

这天晚上老柱如约来到妹波家，因为村中男女都晓得他们的事情，也都跟着过来看热闹。老柱的家庭成分虽然不好，人也向来本分老实，但唱歌方面却实在是老手，一到大门口，他就唱起来了——

抬头望天天高地厚难说尽，
先头我俩花园结伴都信情义全是真，
同在花园年久月久日久时久结成久的伴，
天平地平人心不平你妹不该拿话来哄人。

妹波在屋里一听到这熟悉的歌声，眼泪顿时"哗"一下淌下来了。跟着波妹就在屋里唱起来——

那时候，村口路头，经常能听到有人在玩山唱歌

  哥吔,
  船到滩头水涌门前要哥跟妹用个计,
  讲到做到俩我共屋同坐同桌吃饭莫送一个东来一个西;
  想起当初俩我花园同坐同在树脚歇凉哥是为妹妹为哥,
  如今靠哥展劲出个良策千万莫送哥妹俩分离。

  妹波唱罢,屋子里的男男女女都落下了眼泪。妹波便出门来把老柱拉进屋去,问老柱吃饭了没有?老柱说,听说你要嫁了,我几天几夜睡不着,哪还有心思吃饭。说着他又去抹眼泪。几位大嫂过来劝慰几句,妹波便亲自拢柴火煮菜热饭给老柱吃。老柱明知一切都于事无补,但还是动情地唱道:

  今晚吃妹分离饭,
  哥妹分离泪涟涟。
  害哥日夜把妹想,
  画眉离山各一边。

妹波唱:

  说到分离人伤心,
  阎王判命不公平。
  判妹判哥俩分散,
  哥你伤心妹伤心。

老柱唱:

十月

怨妹怨命莫怨天,
好似鲤鱼下油煎。
哥我泪流架的枧,
肝肠哭烂眼睛哭瞎谁可怜?

妹波唱:

哥的情义重千斤,
苦水越吐越伤心。
太阳落坡扳不转,
妹我难留哥的情。

老柱唱:

送妹十步哥停步,
望妹一眼好分离。
哥愿等妹六十岁,
等到人死口含泥。

妹波唱:

送妹十步哥打转,
妹哥情意叹不尽。
同到黄泉同条路,
同坟共墓心才平。

 木楼人家

当然不只是他俩在唱,旁边来陪他们坐夜的后生小伙和姑娘也跟着唱,所唱的内容无非也是一些劝解的话语。一来二往,像说着最后的情话那样,不知不觉,天已麻麻亮了。鞭炮再次急促地响起来。在微明的天色中,妹波被伴娘和结亲的队伍簇拥着,快步走出村口,走过河湾,走向未知的人生……

盘村的十月就是这样,成天细雨霏霏,阴阴沉沉。叶落了,但山还青着;庄稼收获了,而田土依然绿着;生活的梦幻灭了,希望的火花又重新点燃……整个十月里,盘江河谷两岸上的世界一直吹吹打打,热热闹闹,欢天喜地,又悲悲切切。

我们已经习惯于做生活的大师了,习惯了对生活做出自以为是的评判和指责,但是,恐怕我们选择正确答案的概率总是很低。在老柱和妹波的故事中,同情心很容易压制我们的理智,甚至会引导我们走向万劫不复的悲剧人生。然而,妹波的父母是清醒的,妹波本人也是清醒的,仅仅过了两年,他们就看到了选择的结果,从而心存侥幸,以为是老天保佑。

两年后,老柱因犯强奸罪被判刑十年。他强奸的对象是本寨子的一个十四岁的小姑娘。他把小姑娘骗到山上,然后实施暴力。他为什么要这样做?这是一个永远无人知晓的秘密。就是他自己,恐怕也没有一个明确的答案。

妹波呢,跟表哥老干结婚后生活一帆风顺,虽说看不出他们浓情似火、如胶似漆,但也从不见他们吵过架,闹过不快什么的。两年后,妹波为老干生下了一男一女,都眉清目秀,理智健全。

生活在开什么玩笑?

天知道。

当然,至于二十多年后,妹波的两个子女都考取了省城的大学又没钱去读;而老柱因在监狱学会了种植葡萄,出狱后回家乡种葡萄大获成功而

成为盘江地方首富，那又是另一种命运的结局了。谨此表过不提。

现在，还是让我们回到二十多年前的那个盘村的初冬季节吧。在这个季节里，十月的冷雨始终在天空飘忽着，枫树的叶子落净了，露出密密麻麻的枝丫。无休止的快乐或哀伤的婚事迅速成为往事，成为人们一段时间里谈论的话题，然后，一切又都很快被时间淹没和遗忘。妹波和老柱的爱情尽管在当时惊天动地、摄人心魄，但不久也同样被人们淡忘。而他们那一夜所唱的《分离歌》却留了下来，被人们传唱，这或许可以作为他们那段爱情的永久纪念罢，或者说，这也足可告慰他们那一段刻骨铭心的青春岁月吧。

但是，一个人，不管他的青春有多么绚烂，多么富于传奇，都不能当饭吃。对于盘村的人们来说，只有做活路才是实实在在的日子和人生。这样，当浓浓的雨雾终于在盘村的天空中飘散的时候，母亲便抱怨说，这个月好事太多，活路耽搁了。

是啊，油菜该种了，再不种，就要错过季节了。气候日渐寒凉，时令也到了交冬，转眼又快到小雪了，说不定哪一天就会突然下起一场大构凌，莫说油菜没法种，就是勉强种下去，恐怕也长不起来。

这样，在一场又一场似乎没完没了的好事之中，母亲又带着家人在田间种起了油菜。这已经是种晏油菜了，上月种下的油菜如今都已长出蛮高，可以匀苗了。

木桥上的瓦檐整天是湿漉漉的，木柱子似乎覆盖着一层细薄白霜，芭蕉的叶子枯萎下去了，山谷间的田坝上显得又寂寞又空旷。只有"叫天子"不知躲在哪棵树上叫唤着，忽而窜出来，从天空中忽高忽低地飞过，似乎只有它才是永远快乐和不知疲倦的。

满姑还要给她的青麻壅蔸，有时也帮助母亲到园子里种上一点什么，

 木楼人家

而她更主要的活路似乎是扛柴。她已经扛了不少，家中的柴码已堆得相当高了，但她仍不满足，她说雪凌落下来就没法扛柴了，没法扛柴就没柴烧。人咋办？不吃不喝么？就算人不吃不喝可以活下去，牛不吃不喝却不行。冬天要煮牛潲，柴火用得多，还得扛。

无论是花街石板路，还是田间小路和山上小道，都总是又湿又滑，扛柴是要十分小心的，否则，"哗——"一下摔倒，真个"人柴两空"了。

在这季节里，似乎所有从外面劳动归来的人们，脚上都沾满了厚厚的稀泥，人们走到家门口，便把草鞋脱下来，扔到一边，然后打光脚进屋。打光脚不冷吗？不冷。那时候，我们冬天下雪的日子也常打光脚。

父亲又选出一些红苕背到地窖里去储藏。因为地窖的洞口不大，下地窖的楼梯又小，父亲下去并不方便，所以他常常叫我下去。他在上面把箩筐或背篼放下来让我接住，倒出红苕，然后我就可以坐在箩筐或背篼里让他拉出地窖口了。

"好不好玩？"

"好玩。"

"还想不想下去？"

"想。"

"好，等下我再放你下去。"

父亲就是这样给我带来快乐，同时又骗取了我的劳动价值。

烤烟是早早就收进家来了，最后的叶脚质量已经很差，算不上级了，只好晾在三楼的屋柱之间，等赶场天拿去卖给那些老烟客。

但是，烤烟的种子这时要脱粒、筛净，然后包装贮藏起来，等到来年开春再去播种。这也是一项麻烦活路。

父亲在屋子里计算了一下，说今年的烤烟不错，收入不少。

他有些得意了。

那时候，村里的老人基本都抽自己栽种的叶子烟，烟杆也会随身携带

然而,谁家的唢呐又响起来了,父亲的脸色立即改变,他说:"这年头,好事咋个这样多呢?"

继而,他叹一口气,又说:"唉,做人难啊,难!大家都难,都不容易……"

父亲这样叹息的时候,瓦棱上便响起了一种奇怪的滴滴答答的声音,有些像落雨,却又不是熟悉的落雨的声音,父亲抬头看了看天,说:"落雪了,落雪了。"

十一月

十一月栽花交了冬，劝哥莫去当门吹冷风。
劝哥莫去当门受冷气，冷气吹花花不红。

落雪了，冬天到了。

落的不是飘雪，而是硬硬的颗粒雪，是和雨一起落下来的，先是打在瓦棱上，在瓦檐上小小地蹦跳着，然后顺着瓦槽滚到地上，很快融化消失了。有些雪粒则从瓦缝里漏过来，弹落在楼板上，也很快融化成水了。

从格子窗往外看，天空是黑沉沉的，屋子里的光线顿时昏暗下来。因为过冬的炭还没准备好，大人的脸上有些愁云；孩子倒无所谓，听说下雪了，立即欢天喜地地叫喊 "下雪喽，下雪喽"，仿佛过年似的高兴和愉快。

雨夹着雪粒，一直在断断续续地下着，但似乎下了一整天，地上也未见明显的雪迹。然而空气却骤然冷却下来，使人一下子就感受到冬天的气息。

母亲在火塘间加了几块柴拢火煮猪牛潲。满姑则整日搓麻，搓得一个脚把腿红彤彤的。父亲在楼上装修板壁，整天敲敲打打。风裹挟着雨雪，一阵一阵地扑打在瓦棱上、木窗上，以及竹叶和芭蕉叶上。田坝上除了开

木楼人家的初雪

 木楼人家

始见青见绿的麦苗和油菜苗,以及几个孤零零的稻草垛,就似乎再看不到什么别的生命迹象了。当然,有几只水鸭子成天都在田坝里晃荡着,但它们喧闹的时候少,待在田埂上睡觉的时候多,所以整个田坝还是显得寂寥而清静。有时候偶然会跑过一条狗什么的,但也是夹起尾巴的,显得狼狈又匆匆。

廊檐里响起了沉重的脚步声,随即就听到有人推开了大门。门"呀"地叫了一声,一个人就走进堂屋来了,原来是我的大哥登。

大哥登把头上的斗笠摘下来,挂在板壁上,背上却依旧背着蓑衣,没有解开。

父亲闻声下楼。不知大哥登和他说了些什么,父亲就一脸沉重地跟着大哥登走了。父亲倒没有背蓑衣,而是随便在门背角抓起一把油纸伞,那是我满姑的油纸伞,亮亮的,有花,父亲撑起来显得很不协调。

父亲走远了。母亲说:"那老者,不晓得过得了年不?"

满姑说:"听讲昨天就短气得很啦……"

"短气",就是呼吸困难的意思。我终于听懂,她们是在议论我大伯彦。那时候,我大伯彦已经在病床上躺了半年,具体什么病不太清楚,反正三天两头来叫我父亲去看看。我父亲去看,也只是看看,对于一些老年人的病,父亲的草药疗效甚微。不过对于年轻的大哥登来说,我父亲在场显然会使他放心许多。大哥登,这个老实巴交的人,胆子小得像兔子,他甚至不敢一个人走夜路,说是怕鬼,如今却要独自面对和处理老人的生死,怎不叫他紧张万分?!

我大伯彦自然不是我亲亲的大伯,而是我的堂伯伯。但大伯彦与我父亲的关系非同一般,大伯彦是我父亲的师父,他们都是当地的法师。说他们是法师,这当然已是一种比较洋气的说法了,这种说法比较正式,也表示一种敬重,村人大多叫他们"鬼师"。我父亲无所谓,随别人怎么叫都

十一月

成,他对于自己所从事的这种"工作",也很少持一种严肃的态度。他自称是"搞迷信"的,而且从来直言这些东西都是骗人的,就是"哄鬼"。

然而,村人明知是"哄鬼",也还是很需要他们。

一直到晚饭时间,父亲才从大伯彦家回来,是大哥登送他回来的,因为父亲已喝得半醉,走路很不稳当了。

大哥登立马就回去了,他没有进屋来坐。

父亲收好雨伞,便走近火塘向火,笑着大声问我:"弟儿,吃饭嘎没?"

"还没。"我说。

母亲对父亲的表现颇为不满,抱怨说:"人家是叫你去看病,你倒去喝成这样子。"

"他死不了。"父亲说。

"死得了死不了,你也不该……"

对于母亲的批评,父亲颇不以为然。他说:"热菜,我还要喝!"

他的话在那个冬日的夜晚里像一句空洞的口号,没有谁响应。他叫我去帮他打酒,我说:"不!"大约看到连我也反对他,他很无趣,便上床睡觉去了。其实也不是真睡,而是躺在床上点油灯看书。

父亲看的都是些什么书呢?不知道。他看的书大多是线装书,书上的字我认得的极少极少,有些字虽然认得,但也不明其义。比如有一本《释氏火册榜文书》,我那时认得的字大约只有两个,一个"火",一个"文","书"因为写的是繁体,也不认识,这样一来我当然对父亲看的书毫无兴趣。那时候,在父亲不多的藏书中,我最感兴趣的一本,就是《农村医疗手册》,那里面的一些奇怪的插图,常常让我看得耳红心热。当然还是似懂非懂。

晚饭后,母亲开始纺棉花。满姑则拿出板子浆布壳,做鞋底。

 木楼人家

火塘里的火在噼噼啪啪地燃烧着,母亲烧的是大柴蔸,一个柴蔸可以烧好几天。烧柴蔸节约柴,但烟子大,熏得人睁不开眼。母亲和满姑都不断地催我看火。我看着柴蔸光出烟子燃不起来,便从灯架上抽一块枞膏去烧,柴蔸立即燃烧起来。母亲又说,要节约枞膏。

格子窗外掠过火把和人影,满姑说:"老妍来了。"

果然,门被推开,一个女人举着火把裹着寒风走进家来,手里还提着一只竹篮,竹篮里装着和满姑一样的活计。来人正是我的大姐妍,一位和我满姑同龄的堂姐。

她来干什么?

她来找伴,做鞋底。

做鞋底要伴吗?

做鞋底倒不要伴,但跟同伴一起做,一可互相说话解闷,不寂寞,二可节约"亮",就是节约枞膏。

不一会,又来了一个,是姐芝。姐芝的嗓门是粗粗的,像个男人。但姐芝的针线可做得细致啦,连满姑都自愧不如。

屋子里顿时热闹了,也温暖了许多。

我本来要去睡觉了,但姐妍、姐芝一来,我就不想睡了,因为她们在一起,就要讲一些新鲜的事,什么张家长啦、李家短啦。她们最喜欢讲的当然还是有关后生的事,然后她们会回忆起某一次跟后生约会唱歌时的情形。她们对于那一次的唱歌颇不满意,认为自己唱的歌对不上后生唱的歌。于是她们重新试对了几首,后来终于确定某一首对得最合适最恰当。

在这样的冬夜里,我往往是在火坑边睡着的,火光映红我的脸,而纺车声和歌声伴我进入梦乡……

雪没有下得更大,雨倒是连续落了好几天,大约到初十吧,雨和雪都

停住了,地上开始见干,但仍不见出太阳。

小妈赶来报告我大伯彦的病情,她说我大伯彦的病情已有所好转,问我父亲接下来该吃什么样的药,父亲告诉了她该吃什么样的药,小妈便走了。她弯腰驼背,显得操劳过度。

为什么叫她小妈呢?因为我大伯彦娶了两个老婆,大老婆我们叫大妈,小老婆我们叫小妈。那时候,大妈也还健在,但她已经独自分开过了,她无儿无女,自己照顾自己。我大伯彦病重的时候,她来看过几回,流了一些泪,但也仅此而已。小妈呢,则是一直伺候在我大伯彦身边的,做饭做菜,讨药煎药,洗七洗八,还要帮儿媳做一些家务,很不容易。

听父亲说,我大伯彦的命很大,一两年内不会死。果然,我大伯彦后来的确又活了好几年。说起来我大伯彦真是命大。"破四旧"那年,他被公社民兵斗得死去活来,肋条骨都被打断两根,成天尿血,大伙都以为他活不了几天,但他却奇迹般活了下来。又有一年,他到下寨给人做迷信,夜晚返家途中踩着了一条大瓦蛇,被蛇狠咬一口,那一次人们也以为他肯定活不成了,结果他又一次活了下来。

我父亲说,可惜大伯彦没文化,否则他可以成为大法师。

大伯彦是一个连一封家信都写不出来的人,但他却能背诵几十本经书,这也的确堪称奇迹。

谁教他那些经文呢?他父亲。他父亲是我们盘江远近闻名的大法师。他父亲会写文章,会作诗,字写得极好,在当地算是顶有文化的人,才学大约仅次于我亲亲的大伯父大家文。

但奇怪的是,大伯彦的父亲却没有教他三个儿子中的任何一个人识字。他为什么要这么做?直到现在,这还是个谜。

在那之后的第四个年头,我大伯彦死了。死的时候也是冬天,我父亲

亲自为他开道场，又披麻戴孝，像孝子一样。

大妈也随后谢世。

只有小妈顽强地活了下来，而且一直活到今天。

大伯彦、大妈相继辞世后，小妈有一段时间心情很黯淡，她觉得自己留在世上的时间也不多了，便经常到我家找我父亲闲聊，讲一些像是交代后事的话。我父亲安慰她，说她身体硬朗得很，活到一百岁没问题，莫要悲观云云。

小妈每隔一段时间就把她的棺材抬出来重新油漆一遍。漆是当地的土漆，就是我父亲自己割的那种木漆。而且有好几回，她就直接叫我父亲帮她漆。

我父亲漆得很耐心。漆好后，他叫小妈来看一遍，小妈看了，很满意，就说："这样我就安心了。"

但是，不久，村上的一个年轻人死了，家中来不及备棺材，临时跟小妈借，小妈说："拿去吧拿去吧，你们赶紧做一副给我就成。"

借棺材的人家果然很快赶做了一副棺材还小妈，木头不错，小妈又叫我父亲去帮她漆。父亲还是很耐心地漆来漆去。小妈很满意，又说："这样我就很安心了。"

又过了几年，村上又死了一个年轻人，也是来不及准备棺材，还是找小妈借。小妈说："拿去吧拿去吧，你们早点做一副给我就成。"

借棺材的人家不久就赶做了一副棺材还小妈。小妈看了，还算满意。这次，她不找我父亲漆了，她找村上的另一个漆匠来漆。

但漆匠漆的让她很不满意。她一天到晚叨念这件事。大哥登就来找我父亲，我父亲就笑了，提着漆桶过去了。小妈看着我父亲为她漆棺材，流下了眼泪，说："我这辈子，跟你大哥，哪样气都受够了，从没活过一天好日子，现在他死了，我也还是没过上好日子，我在这凡间是什么也不图了，就图能有一副好棺材……唉，弟，实在太难为你。"

十一月

我父亲也流了泪。他知道小妈的内心很苦很苦。

人世间的事情，我们总是难以预料的。

三十年过去了，谁会想到呢？小妈依然活着，她已经八十多岁了，身子虽然很驼了，但体质还很好，而我父亲却死了。我父亲死时才五十六岁，很年轻。我父亲一生从不生病，平时身体硬朗得像块钢，但是，谁会想到，他那么年轻就死去呢。

父亲的棺木也未来得及预备，我是临时去跟小妈借的。我去借棺材的时候，小妈哭得很伤心，她说："弟噢，我这副棺材都是你爸帮漆的，他隔两年来给我漆一回，隔两年来给我漆一回，哪晓得是为他自己漆的……"

我陪小妈流了一些泪，便着人把棺材抬回家来了。所有抬我父亲棺材的人都说："啧，这样亮的棺材，还从没见过！"

一个礼拜后，我找人为小妈补打了一副棺材，她亲自来看人打，她东摸摸，西摸摸，最后说："老天爷噢，你就把这副棺材留给我吧，我也找不到人来帮我漆了……"

小妈说这话时，是一九九六年的春天，这一年，我三十三岁了。透过春天的阳光，我看见小妈满是皱纹的脸，像一块上千年的木化石。

但在二十多年前的那个冬天，在冬至临近的日子里，趁大雪未落，父亲便带着我到屋背坡毫休岭去烧炭。

那时候，毫休岭到处长满了麻栎和青冈，父亲把柴砍倒破开，然后装进窑子。装窑子的时候，是我在里面帮他装的。

他在外面把柴递给我，告诉我怎么装怎么装。

从炭窑爬出来的时候，我一脸的炭灰，父亲说，去沟里洗洗吧。我就到沟里去洗。沟就在炭窑不远处，我把水敷在脸上，感觉那水相

当冰凉。

父亲封好窑子，开始点火烧炭。

火很快就烧起来了，烧窑的烟囱里冒出了一股浓浓的白烟。

火势正常后，父亲打开饭包我们吃饭。吃着吃着父亲就突然想起了一件事，一件什么事呢？原来是他破麻栎的时候，麻栎树里有许多麻栎虫，又肥又大，他留下来了，用一张大树叶包着，此时他拿到烧炭的火门边去烤，直到把麻栎虫烤黄，才拿过来放在我的饭里。我笑了，那时候，麻栎虫是我最喜欢吃的东西之一，父亲每次上山破柴，总忘不了要给我带些回去。

我们一直烧到天黑，估计炭窑里的柴已经接上火了，我们才转回家去。第二天一早，我和父亲来看炭窑，果然是接上火了，烟子也差不多离脚。

什么是"离脚"呢？就是在靠近烟囱的地方看不见烟子，要到老高的地方才看见烟子，这就叫"离脚"。"离脚"说明炭窑里的柴在自行燃烧。到"离脚"约两尺高的时候，我们就把火门和烟囱一齐堵上了，让木柴在窑里闷着，熄灭，最后冷却。

三四天后我们来出炭。

满姑、母亲也来帮忙，还是我爬进窑子里去把木炭拿出来，父亲在门口接我的炭。

这一回，当我从窑子里出来时，就不单是一头一脸的灰了，而是头发也被炭火烤得卷曲焦糊了。父亲说，洗洗吧，去洗洗吧。于是我又到沟里去洗。

沟水很清很凉。那时候，在我的老家，几乎所有的山湾都有水沟，也差不多都有一条小河的源头。

我们把炭窑腾空后，再装入新的木柴烧，然后把烧好的炭挑回家。

十一月

事实上那天我们没有把炭挑回自己的家,而是挑到大哥登家。父亲说,大伯彦生病了,他家没人烧炭,第一窑炭就先给他们吧。

小妈、大哥登和他的媳妇一面接过我们的炭,一面说着感谢的话,并且死活要拉我们吃饭。我们没有吃就回家了。

两天后,小妈给我们家送来了一大箩小米粑,她说是别人送她的,吃不完,送一点给我们。她走后,父亲对母亲说,不是人家送她的,是她自己做的。母亲说:"我晓得。"

在整个十一月里,我和父亲差不多天天都在毫休岭上烧炭。中间下过两场雪,其中有一场雪相当大,是大飘雪。不过下大飘雪不要紧,飘雪是不滑的,而且感觉也不冷;怕只怕构凌,怕桐油凌,那就寸步难行了,上坡下坡会摔死人。

故乡盘村下构凌的日子其实不多,三四年才有那么一两回,时间都不会太长,构一两天就化了。但构上半天都会给人带来很大的麻烦。那时候,盘村的路都是花街石板路,路面尽是被岁月磨得光滑溜圆的石头,下一点毛雨就够呛,下雪凌那就更不得了。首先是挑水挑不了啦,井水在村西,蛮远,有人试着穿新草鞋去挑水,去的时候还好,回来的时候,草鞋底打湿了,一样滑,"哗——"摔了一跤,人坐在地上,屁股痛不说,水桶还破了。更有甚者,大姑娘和媳妇当众破了裤子,那才羞死人。其次是做任何活路都不方便了,拿牛草(稻草)要到河边草寮去拿,割芭蕉也要出门到土头去割,就是喂猪潲、喂牛潲也要走好几步才到达猪圈牛圈边,不小心就会滑倒,再怎么小心,也难保不滑倒,"哗啦——"有些人会摔得四脚朝天,脑袋"开花"。

在这样的日子里,盘村人就什么也干不成了,勤快点的男人在家里做做木匠,妇女则做些没完没了的家务和针线;大多数人,就只好抱着被窝睡觉了。睡到晌午,起来吃早饭,又回去睡,睡到吃晚饭,就再睡不着

十一月没有节日，人们就以围猎为乐

 木楼人家

了。晚饭后就集中在某一家烧炭火摆门子,摆古,讲鬼,说男女事,说得天花乱坠,讲得雾里黄昏,摆得一村的男男女女都没了瞌睡。

冬天的日子就这样一天天被打发走了。

突然有一天,天晴了。太阳从山头上升起来,阳光透过枫木树密密的枝丫,斑斑驳驳地照在木楼人家的板壁上。冬天的太阳不热,但也有几分暖意,女人们趁机赶紧晒被子的晒被子,晒尿布的晒尿布,晒布壳的晒布壳,洗衣服的洗衣服。一时间,河边里,堰沟边,又热闹起来了,也显出了盘村平时应有的生气。

这时候,三爹万往往要在广播里通知村上所有的男人都要出去围猎。带头的当然还有半脱产老信,因为老信有一杆快枪,是公社的,他借来用,可威风啦。吃过早饭后,村上的男人都集中在小学校的操场上,大伙拿枪的拿枪,拿刀的拿刀,像是去打仗。三爹万看看人差不多来齐,就简单交代几句,把人分成几组,从不同的方向对某一座大山进行扫荡式的搜索,他的意思是不要放走这山上的任何一只兔子,甚至蚂蚱。讲完话,大伙就分开走了,狗走在前头,一村的狗汪汪叫着,比人还兴奋。

那时候,在围猎时,按规矩,狗算一个人头,没有男人的人家,出一只狗,到分猎物时也能得到一份。如果狗在追捕猎物时立了大功,那么狗的主人还能拿到猎物的头。再一种情况就是打死猎物的人拿猎物的头。

俗言"隔山打猎,见者有份"。那时盘村的情形还真是这样。有一年,老信他们追一只黄羊追到毫休岭,黄羊已被老信打中了,但不中要害,黄羊一直跑呀跑,老信死命在后面追,追到毫休岭。哥明的小妹菊英刚好在岭上的土头打猪菜,黄羊跑到菊英面前刚好跑不动,死了。老信赶到,就说是菊英捉住黄羊的,分脑壳的时候,两人一人一半。

十一月

那时候打猎，只要看见猎物，就可以分到一份。而亲自捉到猎物，就可以分脑壳了。猎物若被另一人打中，那么捉到猎物的人就和打中猎物的人平分猎物脑壳。

猎物脑壳没什么肉，这主要是种荣誉，是种象征。

但有一个规定，女人是不能参与打猎的，如果女人半路遇着，那另当别论，但出门时，千万不能有女人。女人参与打猎，盘村人认为这是不吉利的。

那时候，打猎过程中也有不少禁忌，比如打中猎物了，不能说"打中了"，说什么呢？说"着了"。猎物被打死，也不能说"打死了"，说什么呢？说"睡了！"为什么要这样说呢？不知道。

到天黑，打猎的人们回村了，有时满载而归，有时一无所获，但是，大伙从来都不会失望。没有打到猎物，但探明了猎物的去向，也是一种收获。有时候，打猎不是一天两天就能立竿见影的，尤其打大东西，往往要连续进行好几天的跟踪。

老信因为有快枪，猎物常常被他打中，因而他得到的猎物脑壳最多，但大伙并不嫉妒，大伙说："要是打起仗来，老信说不定可以当个排长。"老信就说："才当排长，起码是营长嘛！"

十一月是盘村一年中唯一没有节日的一月，但打猎弥补了这种缺憾。因为要举行集体围猎，大伙又有机会聚在一起了，尤其打到猎物之后，人们更可以聚在一起喝酒了。

十月也没有节日，但十月里盘村人成天结亲嫁女办好事，不算节日吗？应该算。十月是什么节？十月是"好事节"。十一月是什么节？十一月是"撵山节"。因为这种集体围猎，盘村人就叫作"撵山"。

十一月的"撵山"通常在两种天气里进行，一是天晴的时候，二是下大飘雪的时候。因为只有在这两个时候，人才能看清猎物的脚印。下雨看

得见吗?下雨看不见。下构子看得见吗?下构子也看不见。就是看得见,也追不上。阴天呢?阴天也不太好,阴天能见度低,看不远。只有天气晴朗和大雪纷飞的时候最好!

父亲很少参加村里的集体围猎。他说主要是看不惯三爹万的瞎指挥。的确,三爹万枪不会打,跑也跑不动,对猎物的习性更是一窍不通,但他是头人,是召集大伙的,大伙都得听他的。父亲说,这样搞迟早要出事。果然,有一年,就出了事。三爹万叫老你和老我两兄弟去堵一头野猪,一前一后堵,结果野猪没堵住,老你把老我闷了一枪,老我被抬回家,当晚断气。

老你和老我及他们的家人都没有怪罪三爹万,只是说老你撞了鬼,被鬼蒙了眼睛。父亲听说这事后笑一笑,说:"他应该趁鬼蒙眼睛的时候闷三爹万一枪。"

太阳出来的日子,或者飘雪的日子,我和父亲只在毫休岭上砍柴烧炭。那时候,山上的青冈柴真多啊,青冈是烧炭最好的柴质了,其次是麻栎,再次才是别的硬柴。硬柴不够的时候,我们也会砍一些枫木树撑窑子,枫木是泡柴,砍起来倒是好砍,但烧出来的炭,就不大好用,火力不强,也不经烧。

烧炭的地方,因为有火,空气便暖和些,常有鸟飞来,在附近的树上站着叫,歪个脑袋看人。

我把弹弓带去打鸟,却老打不着。石子从鸟的身边飞过,鸟并不明白这是怎么回事,它歪头看了看,听了听,又跳到另一树枝上。

父亲看了觉得好笑。

父亲从我手上拿过弹弓,瞄了瞄鸟,一松手,小石子飞出去了,鸟应声而落。一只麻雀一样颜色的鸟,叫什么鸟我不知道,父亲也不知道,捡起来摸一摸,相当肥,父亲就丢在火里烧了。先烧掉毛,去掉五脏六腑,

十一月

再拿到火里烤，烤出油了，烤黄了撕开吃肉，伴着饭包里的腌菜辣椒吃。父亲直说味道好好。

我说过了，我是从来不吃鸟肉的，不是后来成为环保主义者之后才不吃，而是天生就不吃。其实，父亲把鸟打死的时候，我的眼睛里就噙满了泪水。他烧鸟毛的时候，我几乎不敢正眼去看。

我那么怜悯鸟，为什么还要用弹弓打鸟呢？对于这个问题，我当时想不明白。后来分析，我觉得我其实是很需要一只活着的鸟，想跟它们有近距离的接触。

鸟是父亲用左手打的，他是个左撇子，干什么都习惯用左手。他年轻时打球，左手投篮，几乎没人能卡住他。

父亲就地教我打弹弓，他说："你看，手要稳，眼要从这中间瞄准过去，两点要成一线，心气要平，莫喘气，瞄准时要憋一口气，放手，看，着了。"

我便在山上练习打弹弓。我在不远处的树上放一块泥巴打，先是不中，后来偶中，再后来则几乎是百发百中了。

后来我到外地读书，小朋友们不怕和我当面过招，却怕我书包里的弹弓。谁要惹了我想跑，"啪"，小石子就会准确无误地追到他的脑袋上。

烧一窑炭需要大半天时间。要是柴破好了，火也暂时不需要添，时间空了下来，父亲便会带我到沟边认识各种药草，他说："这是虎耳草，治疗湿疹的；这是辣辣草，也叫摆子药，治打摆子的；这是接骨草，侗话叫'骂咨'（Malnyenl），治跌伤和扭伤的……"

或者到山上砍几根牛筋树或水青冈，教我削扁条。扁条就是扁担。牛筋树做扁担最好，有弹性，有韧性，做出的扁担轻、回弹力好、省力好用。水青冈木质硬，做钎杠最好。钎杠是用来挑草的，杠子尖要从草捆中插进去，没有硬度不行。

父亲说，削扁条要利用树子本来的弯度，做出的扁条两头要微微翘一点，这样才有弹性。

到中午，满姑来挑炭回家，我便跟着满姑回去了，留下父亲一个人守炭窑。离开父亲的时候，我觉得父亲的背影像一座山，一座孤独雄伟而草木丰茂的大山。

十二月

> 十二月栽花得一年，家家红纸贴门前。家家都过三十晚，剩下我俩不知何年何月何时才团圆。

尽管雪凌不断，小麦和油菜还是一天比一天青起来。真奇怪，小麦和油菜竟是不怕寒冷的植物。

鱼也不怕冷。盘村的坝子上，有不少人家酿起了冬水田。田里放养着鲤鱼。冬天了，水田里的水酿得很深。人从田埂上走过，会惊动鱼跑出来，跑得水又浑又响。

有人砍了一些冬青树丢在田里，让鱼做窝。

给鱼做窝，这是给鱼成家提供方便？还是让鱼挤在一起暖和些？

落雪下构凌的日子，水田里结了薄薄的一层冰。若是连续一个礼拜不见晴，冰层就厚起来了，用石头砸居然不破，石头在冰上跑得老远。

可是，有客来时，村里人还是砸冰下田捉鱼。第一次把脚伸进水里时，人立即大骂起娘来，但咬咬牙，坚持一阵，便适应了。用一个漏了底的背篼，在鱼窝附近罩来罩去，终于捉到了几条，才心满意足地离去。

 木楼人家

这时节,最怕有客了。已是年底,一切存货多半已被打扫干净,腌肉也不用留着了,反正过几天杀猪就可以吃新鲜肉了。酸菜当然有一坛,但酸菜怎么能待客呢?杀鸡,又觉得有些舍不得了,一来年边鸡贵,二来好歹也要留一两只到三十晚,不然如何给子女们交代?

于是假装到隔壁问问还有没有腌肉,邻居回说没有,便回来给客人说:"唉,这一向太干净了,你来得不是时候,对不住你呀。"

客人严肃起来,说:"你莫客气,莫客气,这时候了,哪家还能有哪样,你莫忙了,家里有哪样就吃哪样,莫专门去费心了。"

主人不住地感叹,反复表示对不住。然后照样炸花生、黄豆下酒。

要是主人舍得下田捉鱼,说明来客的身份很不一般。

那时候,整个盘村中,到腊月间还留有腌肉的,只有家金一户。

家金算是个角色。他没读过书,但却认得钱,会算账。那时候,他开一爿小店,卖洋火,卖煤油,卖盐,卖烟,卖酒,卖糖,还有电筒的电池和电灯泡。店不是当街开的那种,他的店开在家里,但村人都知道,需要什么,老远喊一声:"家金,有某样没?"

他回说:"有!"

村人就拢去交钱、拿货。

不晓得他赚不赚钱。因为货来得远,又没有公路,一律过肩挑,很不容易。

我那时常帮父亲去买洋火。

洋火是二分钱一盒,不算贵。那时候鸡蛋一个三分,草鞋一双八分,李子一斤也是三四分,盐是一角四分一斤,这就算比较贵了,煤油更贵,二毛四一斤。那时候卖一根狗卵也是两毛钱,所以常有人去赶场,哪样东西不带,只带一根狗卵去卖了,得两毛钱,再添四分钱,便能打一斤煤油回来。

父亲叫我去买洋火，从来不止给我两分钱，一般要给一角，至少给五分，买了洋火，余下的钱我就可以用来买水果糖。水果糖倒不便宜，一分钱两颗。有一种像黄豆大的水果糖，是台湾产的，有薄荷味，小孩子很喜欢吃，但价钱更贵，一分钱一颗。我偶尔买一两颗。

家金对我很客气，总是笑眯眯地接过我手中的钱，又笑眯眯地拿货给我。但他的两个儿子很可恶，他们知道我买了糖，就守在楼梯口等我。他们的脚伸在路中间，我过不去。我知道他们想吃糖，就给了他们一人一颗。如果他们的脚还没有抬起来，我只好又给他们一人一颗。直到他们满意了，他们的脚才收回去。

那时候，我没少挨这两个泼皮崽的欺侮。

但长大了，我却和他们成了好朋友。他们两个，老大叫计超，老二叫计贵。计超爱读书，计贵爱打架。爱读书的计超后来天天和我裹在一起，爱打架的计贵成了我小学的同班同学。

我和计超经常交换小说看。我正是从计超那里看到了平生所接触的第一本外国小说《茶花女》，从此开启了我的外国文学阅读之路。记得那时候我是用父亲的半部《水浒传》跟计超交换来看的，因为他后来不能及时把书归还我，我差一点被父亲打死。

计超比我大三四岁吧，读书也比我高几个年级。在我的印象中，他小时候相当聪明，但不知道为什么，读到初中后，他就读不上去了。他父亲一定要他考取学校，反复叫他补习。第一年，他没考上，差两分。第二年，他又没考上，差五分。第三年，他考上了，但体检的时候，他忘了体检其中的哪一科，结果没被录取。他父亲知道了，很生气，当晚他回到家，他父亲就用一根钎杠对准他脑袋杀过去了，他头一歪，脑袋没杀中，板壁却杀穿了。

他跑了，从此再不回家。

计贵好打架，书只读满初中就回家种田了。但他也知道读书好，于是

悄悄支持他哥读书。计超后来逃到锦屏中学去当插班生,又补习一年,考取了一个电力学校,是中专,好歹算读出去了。

我读大学时,计超也在念中专。寒假我们回来,又聚在一起,家金便煮腊肉、腌肉给我们吃。这时,离过年只有几天了,我很不理解,为什么家金这个时候还藏得有这等陈货?计超说:"他这人就是这样,平时吝得要死,什么东西都要放到臭了、坏了、不能吃了,他才拿出来吃。"

"你懂个屁!"家金大吼起来,对他这个愚蠢的儿子,他总是又爱又恨。"你读书都读到牛屁股上去了!你蠢得很!你比猪还蠢!"

计超不明白他父亲为什么会发那么大的火,我也弄不明白。但是,我终于相信村人传说家金三十晚上还吃腊肉的事,居然是事实。

一九过了是二九,二九过了是三九,三九过了是四九。日子像梦一样过去,到五九,年节的气息就很浓了。

到五九的日子,街上成天赶场,随便哪一天上街,都是人山人海。这些日子里,街上做什么样买卖的都有,而且买卖都比平时好做。

父亲无任何东西可卖,就带我去采购些年货。买什么东西呢?当然应该买的东西太多,只是手头资金有限,只能有选择地买一点。煤油是肯定要两三斤的,过年用马灯的时间相对多些,再说我也能读书了,晚上常常要点灯看书到深夜,也费油不少。红纸要买些。买红纸写春联,这是盘村的一项传统了,似乎一户人家中没有几副鲜艳的对联,那就不像过年,家家都得买。会写字的,就买红纸自己写春联,不会写字的,就买街上现成写好的。那时候,父亲买来红纸,他自己写几副,同时也总让我写一两副。我字写不好,他不生气,也不骂我,只是看一看、笑一笑,不说什么。鞭炮当然也要买,鞭炮哪能少得了?不过也只买两三封,三十晚上放一封,初一早晨放一封,正月十五过大年又放一封,象征性地响几声而已。还要给母亲和满姑各买一角花帕子,她们一年辛劳到头,也

十二月

应该有点表示吧。于是父亲带我去选购花帕子，父亲选了好几种花色，都拿不定主意，问我："这个好不好呢，弟？"我觉得都好看，就点点头说："好。"父亲就买下了。父亲呢，他也总该有一点新东西吧。父亲啥也不要，他只买了一本农历，七分钱一本，便宜。对了，差点忘记一件最重要的东西，就是年画，年画哪能少呢？父亲和我走下街去，商店里有好几种新到的年画，都不错，蛮好看，领袖像去年买过了，还不见旧，可以不用买了，父亲拣出了一张李铁梅的剧照，问我："好看吗？"我说："好！"父亲就买下了。卖画的人说："这是一套的，共五张！"父亲一看，还有一张是一位老奶奶和李铁梅共同高举红灯的形象，另外三张也是《红灯记》里的剧照，父亲又问我："好看吗？"我说："好！"父亲就全部买下了。还有一套《沙家浜》和一套《智取威虎山》的剧照，也很好看，可惜父亲没问我，就没买下。

就这些，我和父亲已经觉得东西太多了，拿不动了，于是准备往回走。可是，走了几步，父亲又折回来，说："还有一样小东西忘记买了。"什么东西呢？父亲没有说。到了商店，父亲叫我试鞋子，我这才知道，父亲还打算给我买一双新鞋。

是一双新球鞋，真漂亮，我当时穿上就舍不得脱下，父亲说："还是脱下吧，到家再穿。"

我们终于心满意足地上路了。我走在前面，父亲在后面，我小小地奔跑着，父亲说："不要跑嘛，老这样跑，鞋子难怪烂得那么快。"

我于是放慢脚步，稳稳地走着。

回家的山路上，到处是人，而且多是熟人，父亲不停地与相遇的乡亲们打招呼。有人说："啧，你这崽都长这样大啦，再过两年该讨婆娘啦。"

我的脸立即涨得绯红，但也并不在意。

要过年了,打粑粑当然是年前最基本的内容之一

　　从腊月二十七日开始，盘村的各家各户就忙得一塌糊涂了。

　　二十七日这天一大早，母亲和满姑就要起来烧大火、挑水，用大堂锅、大甑子蒸糯米，准备打粑粑。父亲天一亮就起来洗粑槽。粑槽是用青冈树挖成的，又重又硬。父亲洗呀洗，生怕不干净。粑槽洗不干净，打出来的粑粑就会有灰点点，粑粑拿去走客，人家要讲你懒，这就叫人脸没落处搁了，所以得好生洗。

　　满姑一直在挑水，一挑又一挑。从家到井边，还有一段相当长的距离，且路上有雪，路滑难走，挑水的活路也不轻。

　　母亲更是忙得满头大汗，洗锅、淘米、架甑子、烧灶火……用她的话来说，就叫忙得打"捞穿"。"捞穿"是什么意思？就是晕头转向，路都走不稳。

　　到上午十点钟左右开始打粑粑。这时候，活路单靠一家人做就不行了，得联合邻居，互相帮忙。一是打粑粑的人，须是最强壮的男子汉，体质弱一点的男人都不行。为什么？因为粑槌打下去，槌子要被粑粑粘住，没力气的人连粑槌都拔不出来，而糯米须在热时捶打，才烂得快。慢慢打，糯米凉了，就烂不起了。所以打粑粑的节奏不能太慢，粑槌都拔不出来怎么行！二是粑粑打出来后，要迅速捏成一个一个的粑团，粑粑刚打出来，又热又烫，一两个人怎么捏得快？所以要许多人才行。

　　于是，打粑粑的时候，上坎的哥辉来了。他和我父亲一起打粑粑。哥辉当过兵，有力气，他打起粑粑来，就像我们小孩做游戏，轻松得很。

　　哥辉的婆娘——我大嫂金花，还有我姨娘、二妈美帕、三嫂玛珍都来。她们把粑粑从粑槽里拉出来，放在木盒里，然后迅速抬到楼上捏成粑团。

　　这时候，我有一样活路可做，就是给粑粑盖印章。什么印章呢？就是自己刻的粑粑印章。印章是我在学校跟同学一起用木头刻的，都是无师自通。有时候找不到这印章，就临时用红苕、洋芋刻一个也可以，反正只要有一种图案，表示喜庆的意思就可以。有些人家没人会刻，就用筷子蘸红，点三个点也行。

我的印章蘸红后，飞快地给母亲她们捏出的热糍粑盖印。二妈美帕问："弟，你印上这朵花是什么花？"

"棉花。"

"哪个的棉花？"

"我妈的棉花。"

"你咋个要雕你妈的棉花？"

"我妈种棉花做衣服给我穿呀，我雕上就是纪念我妈的苦累呀。"

她们立即摇头晃脑地大笑起来。我不明白她们为什么要笑。

"啧，这崽，以后肯定是个有出息的宝崽。"二妈美帕说。

热糍粑被盖上红印后，显得很好看。我偷吃一个，母亲说："饿痨鬼，忍一口都忍不得？等下让你吃个饱。"

我不想等下了，现在就想吃。我咬了一口，那么温热新鲜的糍粑，味道跟平时吃的冷糍粑有很大的不同。

糍粑放满了一块木板，又叠上一块新的木板，一直叠了好几层。这木板是专门的粑板，宽宽的，被反复洗过，很干净。

母亲捏完了这一槽粑，就问在楼下打粑粑的父亲："第二槽好了没？"父亲在楼下应道："好啦！"

于是母亲她们又下楼去抬第二槽糍粑上来。

那时候，盘村一户普通人家至少要打四五槽粑，家境好一点的要打七八槽粑。

这样下来，无论是打粑的，还是捏粑的，都累得够呛。

问题是这一天不仅打一家的糍粑，而要打好几家。所以一个男子汉，常常打到最后，粑不想吃了，饭也不想吃了，只想找一口酒来喝，然后好

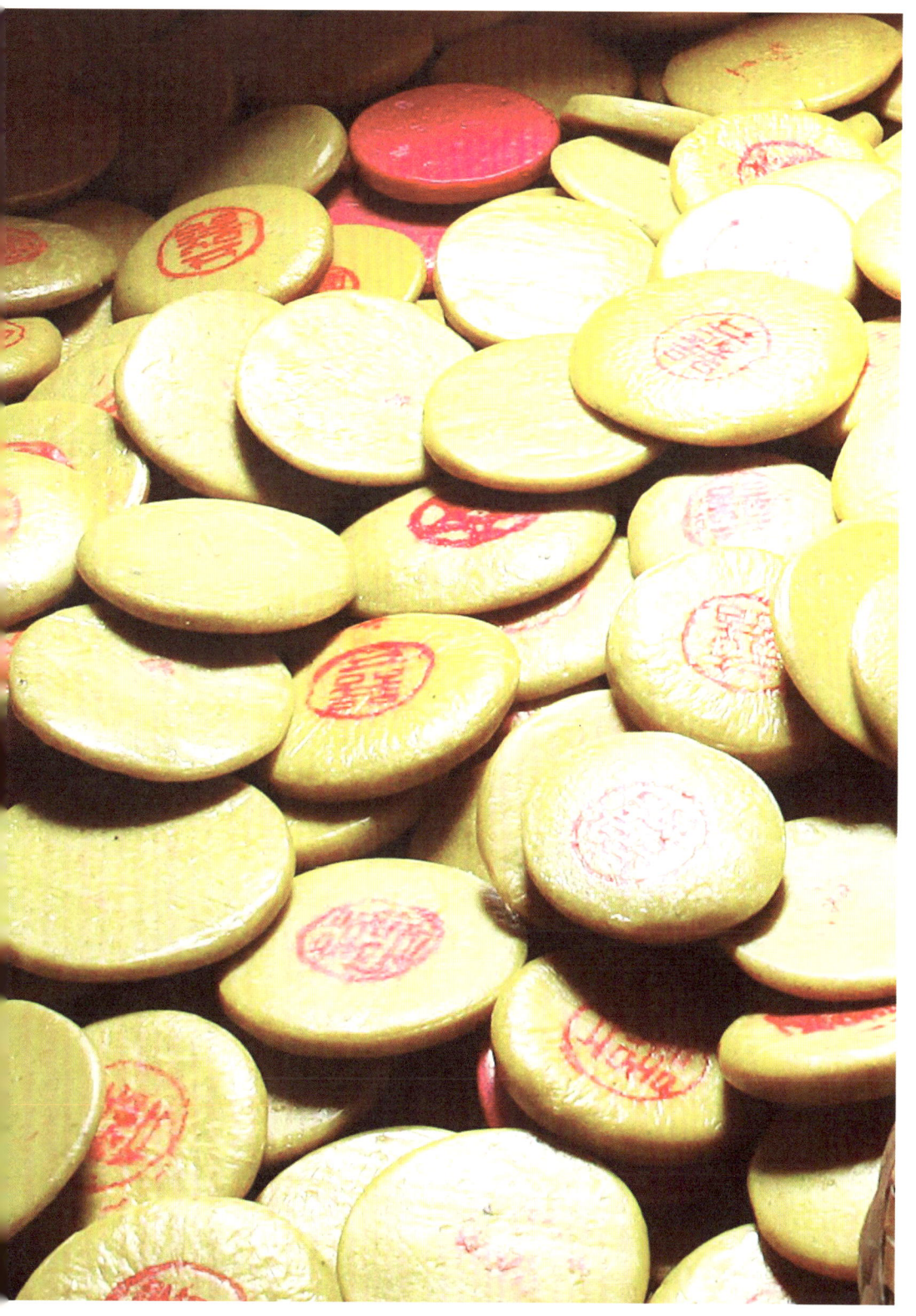

我亲自给粑粑盖上印章

 木楼人家

好睡一觉。

二十八日是猪的末日。

一大早,谁家的猪叫起来了,是那种万分痛苦的哀叫。跟着又有一家的猪也叫起来了。

在这一天的早上,猪的哀叫接连不断,直至所有人家的猪都要叫过一次。猪的哀叫换来了人们的欢乐。

孩子在拔猪毛。拔猪毛干什么?拔猪毛去卖。供销社里收猪毛,一把猪毛大概可以卖到几分钱吧。不要小看了这项劳动,积少成多,可以叫人明白珍惜一切资源。

母亲也要拔几根猪毛,不过,她拔猪毛就不是拿去卖了,而是丢回圈里,表示猪虽然死了,但猪的气息和灵魂还在,它会保佑来年的小猪崽像它一样健康肥壮,听话好养。养大一头猪不容易,一年三百六十五天,母亲天天要为它打菜、砍菜、煮菜,天天喂,而且和人一样,一日三餐。它熟悉了母亲的脚步,听惯了母亲的声音。母亲的身影只要在圈边出现,它就会立即奔向猪栏,摇着尾巴,向母亲表示一点什么。反正猪有猪的语言,对于人的豢养和照料它并非毫不知情,只是不懂得豢养它的最终目的罢了,如果知道,它会怎么想?

养一头猪让母亲操碎了心。现在,猪死了,血流了一大盆,盆里有糯米,这将用来做灌肠粑。猪的身子躺在开水中,被刮尽破开,五脏六腑尽现人前。猪的肚子里长了一个奇怪的大瘤子,被杀猪人割下扔掉。母亲说:"难怪这一向它不大吃潲了,原来是有病,造孽。"

像人一样,一头猪从小到老没少让人担心,它生病,它顽皮,它跑出圈外去做坏事,吃别人的庄稼,它的吃喝拉撒睡,哪一样不牵动着养它的人的心。母亲略略有些伤感。她情不自禁地向人们讲述着猪的成长史,她讲到有一天,这猪跑出去吃别人的红苕,母亲大喊一声,它就跑回来了,

回来躺在圈里，像做错了事的孩子，不再吭声……

母亲的叙述没有引来在场者的共鸣，大伙轻蔑一笑，说："再乖的猪也是猪，结果都一样。"

的确，这一点母亲无可否认，她黯然神伤，进屋去了。

吃泡汤是年节前的一项礼仪，即杀了猪的人家，都要先煮一锅猪肉，让人们来尝尝鲜。

来尝鲜的人，除了帮忙杀猪的几个，还有房族中的人和左邻右舍。大伙围着火塘，坐一大圈。火塘里烧着红红的炭火，三角撑架上架着一口大铁锅，铁锅里煮着满满一大锅的新鲜猪肉，以肥肉为主，切成巴掌大小，拌之以少部分瘦肉、萝卜和香料。火塘旁边有些小炒，是用粉肠炒的，主要给孩子吃。大人们则一边喝酒一边大块吃肉，吃最肥的肉，比赛吃，看谁厉害，看谁能吃，蘸辣椒吃，吃得满口香、满口油，很满足，很快活。

在我的几位至亲房族堂兄弟中，三哥、四哥最能吃，他们可以一口气吃二十块以上的肥肉。二十块，也就是两斤以上的肉了。他们吃得眉毛都不皱一下，就像吃二十块萝卜。他们身体很好，是盘村里屈指可数的活路王。他们挑几百斤重的牛草，腰都不弯一下；他们扛几百斤重的大木头，一路小跑回家，肩都不换一回；他们抬几百斤重的大石头，哼都不哼一声……他们的确是能吃能做的典范，是劳动者的楷模。相比之下，大哥、二哥就差一些了。二哥老灿，秀秀气气，肥肉不吃，只吃瘦肉和萝卜，辣椒不吃，酒也不喝，一碗米饭三下五除二就吃完了，吃完饭就靠在板壁边听人说话、看人吃，像个成天坐在单位上班的干部，或者像一个刚过门还怕羞的媳妇。不过，他的木匠活做得很好，其他重活路也很能做，算是能做不能吃的典型。

大哥老正呢，是个嘴巴客，能说会讲，但吃肉他不行，肥肉少吃，瘦肉吃一点，只是爱喝汤、喝酒。他的酒量倒是不小，两三斤白米酒醉不了

他。酒多话多，人们会因他的存在而热闹快活。俗言"酒壮英雄胆"，他能喝酒，也算个角色。

最差的是五哥老响，人生得矮小，相貌也有些猥琐，总是沉默寡言，但食量大，吃肉像吃白菜一样，酒倒喝不多，但饭吃得不少，让他放开吃，泡肉汤可以吃八大碗。八大碗，那至少是两斤以上的生米了。俗言"解匠解八碗"，这话一点没错。五哥老响是个解匠。解匠是什么意思呢？就是专门帮别人解板子的。解板子就是用锯子将木头锯成板子，那是一种很需要体力和耐力的劳动，说起来，吃八碗饭也不算什么。但沉默少言而又食量惊人的五哥老响却成了人们印象中能吃不能做的典型，我觉得这对他相当不公平。

吃泡汤是一家家吃过去的。最早办泡汤的一家，肉量消耗最多，接下来就逐渐减少了，到最后一家，大伙基本上不能吃什么了，但也必须去坐坐聊聊，造点气氛。反正这已经是过年内容的一部分了。过年是什么意思？就是辛苦一年了，这几天大伙坐下来，说说话，交流交流各种信息和情感，好在来年去迎接新的生活挑战。

火塘里的炭火由大到小，铁锅里的肉由多变少，泡汤就这样吃过了，大伙起身散去，去杀另一家的猪。从早到晚，从亮到黑，差不多要杀一整天，到最后一家泡汤吃过，日子离年节就更近一步了。

二十九日是家家户户炸肉、打扫卫生、准备第二天过年的一天，一样忙得不可开交。

先是一大早起来扫炕。

火塘里一年的烟熏火燎，炕上的阳尘已经很黑很厚了。母亲上楼去把阳尘扫下来，然后里里外外打扫干净，这才在火塘里重新生火煮这样那样，接着磨豆子，磨苞谷，做豆腐和米豆腐。

十二月

父亲一直在灶边炸肉，熬油，做各种油炸食品，供三十晚和春节期间享用。

满姑和我则负责室外的卫生清扫。我们把门前屋后的垃圾扫成堆，然后撮到某一角落放火烧。

屋内的房间当然也要打扫。

烟从不同的地方升起来，在天空中积成一条蓝色的烟带，这时的盘村山谷，真是又美丽又宁静啊。

三十了，过年了。

从早晨起，家家户户都在准备年夜饭，杀鸡的杀鸡，炸肉的炸肉。河边、堰沟边，到处是洗东西的妇女。她们都换上了新衣服，戴上了新帕子，风景顿时为之一变，感觉这世界一下子新鲜亮丽起来了。

所有人的脸上都喜气洋洋的。最快活的还是孩子，整天拿一根香火点放拆散了的鞭炮，"啪！""啪！"村子里终日弥漫着火药的气息。

母亲在做粉蒸肉，蒸气飘得满屋香。

满姑一天都在洗东西，洗衣服，洗菜，洗香料。据说正月间不宜摸水，所以一切要洗的东西都必须在今日完成。

满姑洗了一个上午，洗了一大挑衣服，挑来晾在廊檐晾竿上，水滴落在猪圈上的木皮间，滴滴答答响。

父亲和我在堂屋里贴年画，写春联，糊格子窗。

这一切都完成后，木楼人家就真正显得干净、整洁和舒适了。

到下午四五点钟，盘村的人们就开始吃年夜饭了。

饭前，要先祭祀祖先，把所有大鱼、大肉全抬到堂屋祖先牌位前供奉一遍，烧香焚纸，祈祷许愿，然后才将所有供品抬回火塘间上桌。桌是木桌，架在火塘之上。火塘里的炭火已去除了大半，只留下一小点，保持余温。桌上架起火炉，炉上煮着鸡肉，四面摆开的是几天来父母亲辛辛苦苦

做出来的菜肴，极显丰盛。

"弟儿，放炮！"

随着父亲一声令下，我已在堂屋点燃了炮仗，鞭炮立即噼里啪啦鸣响起来，烟子从大门口飘散出去，年节就这样来临了。

别的人家也陆陆续续响起了鞭炮声。

放鞭炮，这是开饭的信号。放完炮，我们就开始吃年饭了。这是真正罕有的丰富的晚餐，我们吃呀，吃呀，放开肚皮吃，一直吃到肚皮圆滚、肉满颈根，连行走都困难了。

父亲把马灯调得很亮，屋子里灯火辉煌，此时不管户外是下雪、落雨或晴天，家中都是真正的温暖如春。我吃得连动都不想动了，便在靠板壁的长凳上躺下来。父亲却仍在慢慢地饮酒、吃菜，并不着急。母亲也不着急，她同样要喝上一点，陪父亲说话。满姑倒是吃好了，用手轻轻按摩我的肚皮，说这样可以帮助消化。

天很黑，村子异常安静。平时总难免有小孩的哭声，此时一概听不到了，连村西头老椰榆树上的猫头鹰也停止了鸣叫。

父母亲总有着说不完的话，他们回顾着一年来的劳动和经历，追忆着一些过往的人和事。他们做了一些简单的总结，然后又开始计划和展望来年的农事。他们的时间总是以年为单位来计算的，不像城里人那样争分夺秒。他们就这样边吃边聊，让时间大块大块地从话语里漏掉。他们就这样度过了一年，平淡而辛劳，自然又自在。所有盘村的人们都一样，他们谈不上怀抱什么远大的理想，对生活也不存太多奢望，以为有吃是福，有住是福，健康是福，活着是福，至于其他，就不去设想，也无从设想。明天会怎样？明年会怎样？没人知道，也没人想知道。

父亲喝干了碗里的最后一口酒，说："收了吧。"

于是满姑和母亲开始收拾桌子。收好了，父亲就上床休息了。他对这

十二月

顿年饭很满意,对这一年来的劳动和收获也很满意。连年的劳作,已使他疲惫不堪,今晚,他是该好好休息休息了。

母亲和满姑继续留在火塘间守夜。不一会,满姑的同伴也会过来和她一起守年夜。她要和她的同伴一边做针线活,一边讲话,一直坚守到鸡叫头遍。据说在年夜里,死去的老人的灵魂会回来相聚,所以火塘间不能断火断人。

不一会,满姑的同伴果然来了,来人中有姐妍,有姐芝,还有丹妹、妹柳、秋爱和菊满……她们一来,屋子里就吵得不可开交。

她们守到午夜,肚皮饿了,母亲便给她们煮稀饭吃,是黑糯米熬的稀饭,又稠又香。

她们散去的时候,木楼人家已在不知不觉中告别了旧岁,迎来了新的一年。